中宣部 2022 年主题出版重点出版物
建功新时代·全面推进乡村振兴研究丛书
丛书主编：王晓毅　燕连福　李海金　张　博

巩固拓展脱贫攻坚成果衔接乡村振兴典型案例选

中国扶贫发展中心　指导编写

《巩固拓展脱贫攻坚成果
衔接乡村振兴
典型案例选》编写组　组编

中国文联出版社

图书在版编目（CIP）数据

巩固拓展脱贫攻坚成果衔接乡村振兴典型案例选 / 《巩固拓展脱贫攻坚成果衔接乡村振兴典型案例选》编写组组编. -- 北京：中国文联出版社, 2022.10（2025.4重印）
（建功新时代·全面推进乡村振兴研究丛书 / 王晓毅等主编）
ISBN 978-7-5190-4988-1

Ⅰ.①巩… Ⅱ.①巩… Ⅲ.①农村－扶贫－案例－中国②农村－社会主义建设－案例－中国 Ⅳ.①F323.8②F320.3

中国版本图书馆CIP数据核字（2022）第188531号

编　　者	《巩固拓展脱贫攻坚成果衔接乡村振兴典型案例选》编写组
责任编辑	胡笋　王斐
责任校对	胡世勋
装帧设计	马庆晓

出版发行	中国文联出版社有限公司		
社　　址	北京市朝阳区农展馆南里10号	邮编	100125
电　　话	010-85923025（发行部）　010-85923091（总编室）		
经　　销	全国新华书店等		
印　　刷	三河市龙大印装有限公司		
开　　本	710毫米 x 1000毫米　1/16		
印　　张	16.25		
字　　数	173千字		
版　　次	2022年10月第1版第1次印刷　2025年4月第5次印刷		
定　　价	52.00元		

版权所有·侵权必究
如有印装质量问题，请与本社发行部联系调换

编写说明

党的十九届五中全会作出实现巩固拓展脱贫攻坚成果同乡村振兴有效衔接的决策部署。2021年是巩固拓展脱贫攻坚成果、全面推进乡村振兴开局之年。按照中央关于总结脱贫攻坚经验的有关要求，聚焦巩固拓展脱贫攻坚成果、全面推进乡村振兴的重点问题和关键环节，以案例研究的方式，总结不同地区、不同领域实践典型采取的有效做法，分析存在问题，提出实现巩固拓展脱贫攻坚成果同乡村振兴有效衔接的对策建议，为不断完善乡村振兴工作推进机制提供实践支撑和决策参考，具有重要的理论和实践意义。

为此，国家乡村振兴局组织实施2021年"脱贫攻坚成就和经验总结"项目。该项目基于实践创新，分区域、分专题开展案例总结研究。旨在各地推荐基础上，选择一批有代表性、可学习可借鉴可推广的典型，深入总结其巩固脱贫攻坚成果、推进乡村振兴典型的有效做法、面临的问题和经验启示，提出完善建议，形成具有一定学理性、生动鲜活的案例成果。其中东部地区分别选择市、县、村各一个典型，系统研究东部市、县、村乡村振兴的实践探索，提炼普遍经验，分析共性问题，提出机制模式创新和借鉴推广建议，形成3个乡村振兴案例。中部地区和东北地区各选择2个市、3个县、3个村典型，聚焦巩固拓展脱贫攻坚成果同乡村振兴有效衔接的成效做法、基本经验、存在问题、重要启示、对策建议等，形成8个对巩固脱贫攻坚成果同乡村振兴有效衔接实践具有示范作用的案例。西部地区在除西藏、新疆外的10个西部省份中选择具有典型性、代表性的2个市、4个县、4个村进行总结，聚焦脱贫后如何防止返贫、建立稳定脱贫机制、探索有效衔接乡村振兴途径的成效做法、基本经验、启示建议，为同类脱贫地区的市、县、村提供10个示范案例。区域案例将按照典型性、代表性、全覆盖原则，根据在各省份的推荐情况确定。此外，围绕局党组关注的重点问题，细化为6个具体专题开展案例研究。每个专题以3—4个不同地区的实践经验作为支撑，总结精准脱贫的成效经验、推进巩固拓展脱贫成果同乡村振兴有效衔接的实践探索，为面上推动工作提出建议、提供案例。具体包括：防止返贫监测和帮扶机制、易地扶贫搬迁安置区的社区治理、扶贫项目资产管理使用、乡村振兴战略下的东西部协作、脱贫人口稳岗就业模式、乡村建设行动典型案例。

项目实施按照有关规定通过公开招标方式遴选21家有案例研究经验和较高能力水平的机构同时开展工作，产出了一批案例成果。本案例汇编了27个典型案例，就是在该项目部分成果基础上改编形成的。这些案例多维度呈现了各地巩固拓展脱贫攻坚成果、有效衔接或全面推进乡村振兴的生动实践，可供各地推进巩固拓展脱贫攻坚成果同乡村振兴有效衔接工作交流借鉴。

本书编写组
2022年6月

编委会

主　任：黄承伟
副主任：曾佑志　罗朝立　王晓毅　李海金
成　员：（以姓氏笔画排序）
　　　　王　菁　王晓杨　刘晶晶　杨　玲　苏　娟
　　　　李　慧　范军武　黄　婧

案例改编组

组　长：王晓毅　李海金
成　员：（以姓氏笔画排序）
　　　　万　君　马青青　公丕宏　孔　梅　冯雪艳
　　　　向德平　庄甲坤　刘凤萍　刘　欣　刘　珊
　　　　李顺强　李亚静　李紫烨　连雨薇　宋志杰
　　　　张　琦　陆汉文　耿学栋　黄崇敬　蔡志海
　　　　江立华　常路育　鲁勇超　游贤梅　薛亚硕
　　　　戴　丹

目 录

第一章 市级案例 ·· 1

乡村振兴的湖州探索——浙江省湖州市的实践与启示 ······ 3

吉安"三个五"工作推进有效衔接 ································· 14

脱贫攻坚有效衔接乡村振兴的信阳实践 ·························· 24

由脱贫到振兴：乐山市的乡村建设行动 ·························· 34

从试验区到示范区：毕节的脱贫攻坚和乡村振兴

有效衔接 ·· 44

第二章 县级案例 ·· 53

特困山区的蝶变之路——河北蔚县发挥"五大优势"

做好"八大衔接"助推乡村振兴 ································ 55

滴水穿石闽东魂 全家福安振兴路——闽东特色的

乡村振兴之路实践 ·· 64

中部城郊脱贫县"双融合"促振兴之路——山西阳曲县

巩固拓展脱贫攻坚成果同乡村振兴有效衔接 ············· 73

发掘县域资源优势与激活内生发展动力——吉林省通榆县的

实践与探索 ·· 82

从脱贫攻坚向全面小康与全域乡村振兴迈进
　　——云南省鹤庆县的创新实践 ················· 91
巩固拓展脱贫攻坚成果同乡村振兴有效衔接
　　——陕西省千阳县打出"组合拳" ················· 100
迈向共同富裕之路——甘肃省东乡县脱贫攻坚和
　　乡村振兴案例报告 ································· 109
生态脆弱区的可持续发展——宁夏盐池县脱贫
　　攻坚过渡期治理的实践启示 ····················· 118

第三章　村级案例 ································· 127

"牢记嘱托，感恩奋进"——连樟村从脱贫到振兴的
　　新模式 ··· 129
村企联建助力"厌人垸"蝶变"羡人垸"——湖北省
　　罗田县燕窝垸村党建引领乡村振兴模式 ········· 138
"好好干、有奔头"——湖南省凤凰县菖蒲塘村的蝶变 ··· 147
富裕路上的幸福村——黑龙江省小河东村从脱贫到
　　振兴的华丽转身 ································· 156
"强功能联结"模式下的利益联结机制——以内蒙古
　　自治区喇嘛板村为例 ···························· 165
广西"吐鲁番"的故事——以广西省毛竹山村为例 ····· 173
"三变"改革促振兴——重庆市石柱县华溪村的
　　实践路径及启示 ································· 182
文旅融合助力乡村振兴——青海省尖扎县德吉村案例 ··· 191

第四章 专题案例 ································· 199

　　早发现、早干预、早帮扶——防止返贫监测和帮扶

　　　案例研究 ································· 201

　　搬得出、稳得住、能致富——易地扶贫搬迁安置区

　　　社区治理典型案例研究 ······················· 211

　　是什么、怎么管、谁来管——扶贫项目资产管理

　　　使用案例研究 ····························· 219

　　新征程、新模式、新作为——东西部协作案例研究 ······ 229

　　完善机制、细化服务、提升技能——脱贫人口稳岗

　　　就业典型案例研究 ·························· 239

后　记 ······································· 249

第一章 市级案例

乡村振兴的湖州探索
——浙江省湖州市的实践与启示

摘要： 浙江省湖州市立足靠近"长三角"中心城市的区位优势，有效对接城市资本、技术、人才等要素转移和消费市场，推动乡村发展、乡村建设、乡村治理协同并进和城乡融合发展，取得巨大成就。湖州市乡村振兴先行实践的启示在于，要跳出乡村看乡村振兴，深刻认识所在区域城乡关系的发展进程、发展阶段、发展格局，科学把握推进乡村振兴的节奏、时序和重点；要聚焦乡村比较优势，围绕乡村土地、生态、文化和特色农产品做好赋能赋权工作，推动其转变为产业优势和发展优势；要坚持以乡村发展为本，优化外来资金引进利用模式，完善集体经济发展路径及带农富农机制，推进农民增收，缩小城乡差距。

关键词： 乡村振兴　城乡关系　融合发展

浙江省湖州市地处"长三角"腹地，邻近上海、杭州等大都会，辖吴兴、南浔两区和德清、长兴、安吉三县，面积5820平方千米，2021年年末常住人口340.70万人。在湖州，可以看到浙江乡村振兴的成效、路径和经验，看到美丽的中国乡村。

一、湖州市乡村振兴的突出成效

党的十八大以来，湖州市先行探索乡村振兴道路，取得了令人瞩目的成绩。

（一）共同富裕成效显著

一是城乡居民收入差距显著缩小。湖州市地区生产总值从2012年的1661.97亿元增加到2021年的3644.9亿元，年均名义增长9.12%。在经济快速增长的同时，城乡居民收入稳步提升，城镇居民人均可支配收入由2012年的9872元增长至2021年的67983元，年均名义增长9.62%；农村居民人均可支配收入由2012年的17188元增长至2021年的41303元，年均名义增长10.23%。湖州市城乡居民人均可支配收入比不断缩小，由2012年的1.92∶1缩小至2021年的1.65∶1，远低于全国2.5∶1的水平。二是民生福祉持续改善。城市基础设施不断向乡村延伸，城乡公交实现一体化，公交行政村通达率100%，各区县城乡道路客运一体化发展水平均达到5A级；全面实现城乡同质饮水，互联网普及率达100%，基本实现5G网络重点乡镇核心镇区全覆盖；城乡基本公共服务标准统一、制度并轨普惠共享，实现基本公共服务均等化，城乡共享优质义务教育、医疗保障、养老服务和低保待遇。

（二）乡村产业提质增效

湖州市着力发展特色优势产业，2021年乡村产业总产值突破

1350亿元，农业绿色发展成效显著。一是科技赋能乡村产业。湖州聚焦绿色智慧高效农业生产等先进技术，培育了一批高新技术企业、研发中心、实验室等农业科技创新平台，成功创建国家级农业高新技术产业示范区，高效赋能乡村产业发展。二是培育了众多新型农业经营主体。截至2021年全市有市级以上农业龙头企业288家（其中国家级5家），现代农业示范园404个（其中省级112个）。三是乡村旅游、农家乐、创意农业等美丽经济新业态蓬勃发展。2021年乡村旅游经营性收入达136.99亿元，休闲农业与乡村旅游接待游客从2016年的2329万人次增加到2021年的5232万人次。四是村集体经济迅猛发展。2020年湖州市1005个村级集体经济组织总收入32.49亿元，较2012年增长170.52%；村均323.3万元，较2012年增长179.43%；村集体经济组织经营性收入15.41亿元，村均153.32万元，较2012年分别增长286.22%和299.17%。2021年，全市全面消除集体经济收入低于50万元的欠发达村。

（三）美丽乡村全域覆盖

2005年，时任浙江省委书记的习近平同志到浙江省湖州市安吉县余村考察时，首次提出"绿水青山就是金山银山"的科学论断。2008年，安吉县在全国率先开展以"中国美丽乡村"为载体的社会主义新农村建设。十多年来，湖州市践行"绿水青山就是金山银山"理念，以"规划科学、环境优美、生态宜居、设施完善、富有乡土特色风貌"为目标，强化规划全域融合，统筹城乡人口、生态建设、社会事业及公共服务等功能布局，展开了恢复与打造"绿水青山"的美丽乡村建设实践。截至2020年，全市打造A级景区村庄727个（其中3A级154个），在浙江全省率先实现了宜创景区村庄的全覆盖。

（四）乡村治理和谐有序

一是基层党组织引领作用突出。湖州市以"组织创强、队伍创优，全域提升、全面过硬"为主要内容，突出"带领乡村振兴、带动强村富民"，扎实开展农村基层党建活动。党组织实现对村民委员会、村务监督委员会、股份经济合作社以及各类经济组织、社会组织的全面领导。二是"余村经验"全域推广见效。湖州市积极构建"自治、德治、法治、智治""四治融合"乡村治理体系，"支部带村、发展强村、民主管村、依法治村、道德润村、生态美村、平安护村、清廉正村"的余村经验全域推广，认定市级乡村治理示范村156个、省级善治示范村123个。三是文明新风有效弘扬。湖州市健全文明实践工作网络，提升"15分钟文明实践服务圈"，全市县级及以上文明村占比99.79%。四是数字乡村建设促进乡村智治。湖州市开发了以"数字乡村一张图"为载体的乡村治理数字化平台，对乡村治理体系进行了数字化改造，为解决乡村治理的"老问题"和"新议题"勾勒出一幅数字乡村的技术图景。

二、湖州市乡村振兴的主要做法

湖州市以改革创新为动力，用好区位优势，用好周边大都市资本、人才、技术和市场，推进城乡融合、一二三产业融合，推进生态振兴、文化振兴和产业振兴耦合,走出了乡村振兴的湖州道路。

(一)以要素流动促进城乡融合发展

"长三角"地区的逆城镇化趋势推动湖州市农村土地资源、生态资源增值,市场机制推动资本、人才、技术和发展机会下乡,推动城乡融合发展。一是构建多层级的城镇体系,结合全域国土综合整治和生态修复等重大工程与配套体制机制,提升空间资源利用效率与空间品质,促进各类要素有序流动。二是立足实际优化产业布局,湖州市充分利用区域发展比较优势,推进城乡一二三产业深度融合,同时完善城乡利益联结机制,为城乡融合与城乡协同发展创造物质条件。三是畅通城乡要素流动,促进资金、土地、人才要素双向对流,优化区域整体资源配置能力,如农村集体经营性建设用地入市、农业"标准地"改革等。四是构筑城乡融合发展合作机制,保障城乡居民"同权",实现公共服务均等化,吸引城、乡持续合作促发展。

(二)以一二三产业融合促进乡村产业兴旺

湖州市坚持以一二三产业融合为导向,以土地资源和生态资源为依托,着力发展特色优势产业,加快培育农业农村新动能,促进乡村产业兴旺。一是纵向延伸,延长产业链,重点推进农产品加工业的发展,实现生产、加工、物流、营销一体化布局,形成现代农业产业体系;二是横向拓展,完善生态链,凸显农业的生态环境保护、观光旅游休闲和文化传承等综合功能,做强生态农业、文化创意产业、康养产业、农村电子商务等新业态。同时，政府最大限度整合使用土地资源、最大程度挖掘乡村环境吸引力，通过政策引导、支持，推动全域提高乡村价值，并转换为产业融合发展的成果。

（三）以全域景区化促进美丽乡村建设

湖州市坚持绿色发展，以全域景区化促进美丽乡村建设。一是注重规划引领，结合乡村全域土地综合整治，推进形成"市—区县—乡镇—村"的多层次美丽乡村建设规划体系，以城乡一体化规划布局引领美丽乡村建设，彰显"生态、乡土、文化、特色"村庄风貌。二是注重标准示范，出台《美丽乡村建设指南》，高标准、高水平打造各具特色、个性鲜明的新时代美丽乡村，积极鼓励多村联创，打造美丽乡村样板片区和美丽乡村示范带。三是注重农旅融合，依托良好的自然、人文、区位等资源优势，发展休闲农业、体验农业和乡村旅游，实现生态效益和经济效益相统一。四是注重持续推进，通过深入开展蓝天、碧水、净土、清废等环境治理攻坚行动，建立农村人居环境治理长效机制，持续推进村居环境美化。

（四）以"强村十法"促进集体经济发展壮大

湖州市依托地处"长三角"腹地的区位优势，以城乡融合发展为契机，创新探索运用市场化理念，充分整合各级资源，以村股份经济合作社投资入股形式抱团组建强村富民公司。在坚持"产权清晰、收益归村"的原则下，通过规范化管理和分类扶持，激发村干部发展村级集体经济的积极性，创新村级集体经济发展的经营模式，形成了存量盘活法、异地发展法、抱团经营法、空间调整法、服务生财法、美丽转化法、留地激活法、产业配套法、直接经营法和规范管理法等"强村十法"，探索出村级集体经济发展壮大的具体路径。

（五）以价值挖掘促进乡村文化振兴

湖州市通过在新型城乡关系中理解乡村文化，充分挖掘乡村文化的价值，激发乡村文化主体的自觉意识，结合市场手段与制度化方式，引导多主体参与文化实践活动，促进乡村文化振兴发展，乡风文明蔚然成风。一是大力保护乡村文化遗产，通过制度化手段推进非物质文化遗产与重要农业文化遗产的申报工作。二是全力推进文旅融合，发展乡村旅游，通过市场机制进一步提升乡村文化价值。三是推进城乡公共文化服务均等化，丰富乡村居民的精神文化生活。四是创新民俗与节庆活动，2020年开始打造"月月农"农事节庆活动品牌，从一月的鱼文化节到十二月的青虾节，共计14场农事节庆活动，再造日常生活中的乡村文化。

（六）以数字乡村建设促进乡村智慧善治

湖州市是首批国家数字乡村试点地区，德清县发挥"德清地理信息小镇"及"国际地理信息产业集聚区"的信息产业优势，将浙江省数字化改革的成果与地理信息技术进行深度融合，开发出以"数字乡村一张图"为载体的乡村治理数字化平台，在莫干山镇五四村进行试点之后向全域推广。"数字乡村一张图"智治平台通过搭建"感知界面—应用终端—数字中枢"运行框架，对乡村治理体系进行数字化改造，形成全面、高效和精准的数字化乡村治理的"湖州方案"。一是通过可视化的"数字乡村一张图"界面，实现村庄事务的全面感知和智能化处置。二是整合政务平台的应用终端，搭建数字乡村治理路径。三是依靠深度的技术融合和农业农村应用组件开发，为数字乡村治理提供智能化的控制中枢。

三、经验启示

湖州市在推进乡村振兴过程中，坚持以习近平新时代中国特色社会主义思想为指导，完整准确全面贯彻"创新、协调、绿色、开放、共享"的新发展理念，忠实践行"八八战略"，创造积累了宝贵经验，对全国实施乡村振兴战略具有重要启示价值。

（一）跳出乡村看乡村振兴，基于城乡关系与区域发展格局谋划乡村振兴战略政策

"长三角"城市群的快速发展和逆城镇化趋势的显现，为湖州市发展生态文化旅游业、康养产业、特色农业创造了非常广阔的市场，也提供了资金、人才、技术等方面可利用的大量资源。这是湖州市乡村振兴的历史机遇和区位优势。

湖州的启示在于，制定乡村振兴战略与政策，要深入分析城乡关系的发展进程和发展阶段，深刻认识所在区域的城乡关系格局，进而科学把握推进乡村振兴的节奏、时序和重点。位于全国主要经

济区和城市带内的县（市、区），可选择接入城市和服务城市的双轮驱动战略，在生态建设和环境保护优先的前提下，一方面有序承接城市转移出来的二三产业，创造就业机会和税收来源；另一方面积极发展休闲康养产业、特色农业等服务周边城市的乡村经济，以产业振兴带动乡村全面振兴。偏远地区的县（市、区）要有历史耐心和战略定力，一方面在基础设施、公共服务、乡村治理等领域稳打稳扎，不断改善发展环境；另一方面按照"一县一品"的思路，重点抓好特色优势产业的发展，用好电子商务等新技术，积极拓展远端市场，以点带面推进乡村振兴。

（二）聚焦乡村比较优势，围绕乡村土地、生态、文化、特色农产品做好赋能赋权工作

湖州市能够在城乡关系大格局中用好地处"长三角"腹地的区位优势，首先在于其山、水、林、田、湖等乡村资源和田园风光，同时也在于当地党委政府积极作为，建立了责权利清晰的制度体系，充分调动和发挥了各相关利益主体的积极性、主动性、创造性。

各级地方党委政府特别是县级党委政府要深刻认识到，乡村走向振兴的最大本钱是其资源优势、乡土味道，是相对于城市的比较优势。一是要坚持"绿水青山就是金山银山"，着力保护好乡村资源和推进乡村建设，健全垃圾无害化收集、转运、处理体系，推进厕所革命和污水治理，加强农业面源污染防治，守护好蓝天碧水、山林田园。二是要保护好乡土味道，着力加强乡村治理，推动传统文化传承、复兴与再造，不断完善自治、法治、德治、智治相结合的乡村治理体系。三是要改革创新乡村资源使用与收益分配制度，在建立配套监管制度的前提下，将更多权利赋予基层，赋予村集体，赋予农民，给予其大胆探索、大胆创新的空间。四是要恰当行使政府职能，尊重市场规律，尊重相关利益主体的权能，着力围绕乡村土地、生态、文化、特色农产品赋能赋权的需要，改善公共产品供给，避免急躁冒进，避免越俎代庖。

（三）坚持以乡村发展为本，着力推进农民增收和缩小城乡差距

湖州市在开发利用乡村优势资源、全面推进乡村振兴过程中，构建起以本地乡村发展为本的外来—本土关系格局和城乡关系格局，农民收入实现追赶式增长，城乡实现融合型发展。全国各地在实施乡村振兴战略过程中，均应始终坚持以服务乡村发展为根本，着力推进农民增收，不断缩小城乡差距，促进共同富裕。

一是着力探索以股份合作为主要形式的外来资金引进和利用模式。在吸引外来资金开发利用农村土地、生态、文化等资源过程中，要优先选择资源入股的方式；以流转等其他形式交由外来资金开发利用的，也要保障发展过程中合理获取增值收益的权利。按照乡村资源开发利用的最大受益人应为农民的基本原则，加强外来资本监管，建立健全防止资本伤农的制度、机制。特别是要防止为了政绩、私利而将乡村资源廉价交由外来资金开发利用的情形。

二是着力探索以农村集体经济股份合作社为基础的集体经济发展模式及农民收益保障机制。将农村集体经济股份合作社作为村级

集体经济组织的具体形式，明确其特殊法人地位及相关权利，明确集体经济成员的资格权、受益权，健全参与机制，创新经营模式。支持农村集体经济股份合作社以土地、资金等多种形式入股外来资本开发本村资源的各种产业项目。支持有条件的农村集体经济股份合作社入股或投资村外产业项目。建立健全农村集体经济股份合作社发展壮大的激励机制和监管机制。完善收益使用和分配制度，推动集体经济股份合作社成为发展村级公益事业、帮扶村内脆弱人群、促进全村共同富裕的重要力量。

三是着力发挥政府在"三农"事业发展过程中的保护职能和支撑作用。县级政府在用好上级财政转移支付的同时，要不断加大本级财政对乡村基础设施、公共服务等领域投入力度。加强道路交通、供水排污等硬件建设，推进城乡基础设施互联互通和一体化发展。改善教育、医疗等方面硬件水平和服务质量，提升城乡公共服务均等性和融通性。提升农村社会保障水平，逐步缩小乃至取消城乡居民医保、养老、低保等方面待遇差别。为生产要素双向流动特别是由城到乡流动创造条件和提供支持，推进城乡融合发展，不断缩小城乡差距，促进共同富裕。

吉安"三个五"工作推进有效衔接

摘要： 做好巩固脱贫攻坚成果同乡村振兴有效衔接工作，是脱贫攻坚与乡村振兴交汇和过渡时期的一项重大战略任务。江西吉安立足市域政府抓落实的职能任务和本地资源特色，坚持以习近平新时代中国特色社会主义思想为指导，全面贯彻党中央、国务院和省委、省政府关于实现巩固拓展脱贫攻坚成果同乡村振兴有效衔接的决策部署，积极探索实践"三个五"工作模式，即加强"五个关键"有效衔接，保持帮扶政策、资金支持和帮扶力量总体稳定和有效衔接；推动"五项重点"工作落实，建立健全防止返贫监测帮扶机制，深化脱贫攻坚阶段一系列帮扶举措；促进"五个方面"建设发展，持续提升农村内生发展、可持续发展的动力和能力，为全面推进乡村振兴奠定了坚实基础。

关键词： 巩固拓展脱贫攻坚成果 乡村振兴 "三个五"工作

一、吉安市巩固拓展脱贫攻坚成果同乡村振兴有效衔接的总体情况

吉安市位于江西省中部，拥有中国革命的"红色摇篮"井冈山，延绵千年的庐陵文化以及丰富多样的生态资源。但同时，作为

革命老区，吉安经济基础薄弱，发展不平衡、不充分问题较为突出，原有国定贫困县5个，其中罗霄山集中连片特困县4个，是江西省脱贫攻坚主战场之一。2016年以来，吉安市投入各级脱贫攻坚资金523亿元，撬动扶贫小额信贷23.6亿元，引导全市793家民营企业投入帮扶资金7.6亿元。2020年年底，吉安5个贫困县、570个贫困村全部摘帽退出，34.7万贫困人口全部脱贫，贫困发生率由11.5%下降至0.14%，书写了一份出色的脱贫攻坚答卷。

脱贫攻坚战取得全面胜利之后，如何进一步巩固拓展脱贫攻坚成果，接续推进乡村振兴；如何保持现有帮扶政策、资金支持、帮扶力量总体稳定和有效衔接；如何建立健全防止返贫监测帮扶机制；如何深化脱贫攻坚阶段一系列帮扶举措，巩固拓展脱贫攻坚成果，成为吉安面临的新情况、新问题。为此，吉安市委、市政府着力建立健全巩固拓展脱贫攻坚成果长效机制，推动过渡期内各项组织领导体系和制度政策的有效衔接，从解决建档立卡贫困人口"两不愁三保障"为重点转向实现乡村全面振兴，从集中资源支持脱贫攻坚转向巩固拓展脱贫攻坚成果和全面推进乡村振兴，实施"三个五"重点工作，为全面建设社会主义现代化国家的吉安篇章奠定坚实基础。

二、吉安市巩固拓展脱贫攻坚成果同乡村振兴有效衔接的主要做法

习近平总书记强调，脱贫攻坚取得胜利后，"我们的使命就是

全面推进乡村振兴,这是'三农'工作重心的历史性转移"[1]。必须把脱贫摘帽作为新生活、新奋斗的起点,在巩固拓展脱贫攻坚成果的基础上,切实做好同乡村振兴的有效衔接,接续推进脱贫地区经济社会发展和群众生活改善。要认真总结借鉴脱贫攻坚积累的宝贵制度成果和精神财富,完善乡村振兴政策体系、制度体系和工作体系,逐步实现从集中资源支持脱贫攻坚向全面推进乡村振兴平稳过渡[2]。为此,吉安通过加强"五个关键"有效衔接、"五项重点"工作落实、"五个方面"建设发展,形成了巩固拓展脱贫攻坚成果同乡村振兴有效衔接的制度建构、工作落实和目标推进体系。

(一)加强"五个关键"有效衔接,确保支撑工作有序高效开展

1. 加强组织领导体制衔接

为充分发挥各级党委总揽全局、协调各方的领导作用和实施乡村振兴战略工作领导小组的议事协调作用,吉安积极构建责任清晰、各负其责、执行有力的乡村振兴领导体制,健全"市县抓落实、乡镇推进和实施"的工作机制,构筑党政主导、部门齐抓、社会参与的工作格局,坚持四级书记一起抓,层层压实责任。

2. 加强工作体系和工作队伍衔接

一方面,平稳有序做好各级扶贫机构职能优化调整,对党组织

---

[1] 习近平:《坚持把解决好"三农"问题作为全党工作重中之重 举全党全社会之力推动乡村振兴》,《求是》2022年7月。
[2] 唐仁健:《扎实推动乡村振兴取得新进展》,《学习时报》2022年3月2日。

软弱涣散村，继续全覆盖选派第一书记，建设一支政治过硬、本领过硬、作风过硬的乡村振兴干部队伍。另一方面，坚持党政机关和国有企事业单位等定点帮扶，坚持行业推动与市场机制相结合，实施"百企兴百村"乡村振兴行动。

3. 加强发展规划和项目建设衔接

将实现巩固拓展脱贫攻坚成果同乡村振兴有效衔接的重大举措纳入全市"十四五"总体规划。完善项目统筹，梳理研判脱贫攻坚项目需要延续和升级的内容，将教育、健康、住房、饮水以及产业、就业、易地搬迁后续扶持等重大项目纳入"十四五"相关行业规划。

4. 加强支持政策衔接

通过强化财政、金融、土地、人才等各方面支持，为巩固拓展脱贫攻坚成果和全面推进乡村振兴提供有力政策支撑。保持过渡期内财政支持政策总体稳定，强化金融服务保障，保障乡村产业建设用地，延续脱贫攻坚期间各项人才智力支持政策，引导各类人才向脱贫地区农村基层一线流动。

5. 加强考核机制衔接

把巩固拓展脱贫攻坚成果作为县乡领导班子和领导干部分类考核的重要指标，纳入考核测评范围。把巩固拓展脱贫攻坚成果、实施乡村振兴战略工作情况作为干部任前考察的重要内容，将考核结果作为领导班子和领导干部选拔任用、评先奖优、问责追责的重要参考，进一步强化考核结果的运用。

（二）推动"五项重点"工作落实，全面推进同乡村振兴有效衔接

1. 推进乡村特色产业提档升级

吉安一方面以脱贫县为单位规划发展乡村特色产业，提升品牌知名度和品质信誉度，围绕农村一二三产业融合发展，延长农业产业价值链；另一方面，通过物流支持、科技指导、致富带头人建设以及农民合作社规范提升行动和家庭农场示范场创建等，强化产业发展支撑。同时鼓励通过扶持龙头企业、农民专业合作社、致富带头人等经营主体，建立更加稳定的利益联结机制，提升脱贫群众的产业参与度、受益度。

2. 促进脱贫人口稳定充分就业

一方面，发挥政府部门在就业监测、拓宽就业渠道、提供就业服务等方面的职能作用，开展劳动力资源调查工作，加大岗位信息供给，掌握就业动向，对易返贫致贫人口加强监测，建立动态管理台账。同时拓宽就业渠道，加强就业服务。另一方面，依托各类培训主体，发挥职业院校职业培训优势，组织实施各级各类实用技术、就业技能、岗位技能、创业等培训，提高脱贫劳动力就业能力。

3. 持续改善脱贫地区基础设施条件

吉安脱贫摘帽以后，农村地区基础设施条件得到较大改善，但一些地区仍存在短板和差距。为此，吉安继续加大农村交通道路等重大基础设施建设力度，推进水、电、物流、通信网络建设，提升

仓储、运输、配送、信息等公共服务水平。同时积极推动农村人居环境整治提升,增强农民群众幸福感、获得感。

4.稳步提升脱贫地区公共服务水平

补齐农村公共服务短板是推动乡村振兴的一项重要任务,推动公共服务向农村延伸,让广大农民更好地共享改革发展成果,也是推进实现农村现代化的重要标志。吉安加强脱贫地区公共服务能力建设,注重在义务教育城乡均等化发展、提升基层卫生服务能力、加强脱贫地区公共服务设施建设、防灾减灾救灾体系及能力建设等方面发力,逐步补齐农村公共服务短板和弱项。

5.加强易地扶贫搬迁后续扶持

一方面统筹后续扶持资金,因地制宜建设后续扶持项目,加强对搬迁困难群众的综合社会保障兜底,全面做好安置房产权办理工作,加大就业产业帮扶力度。另一方面,加强安置社区治理,按照有组织、有制度、有服务、有氛围、有队伍的"五有"要求,加快建立健全以党组织为核心、基层群众性自治组织为基础的组织体系。

(三)促进"五个方面"建设发展,推动乡村振兴新发展

1.红色文化凝聚乡村振兴新动能

吉安充分发挥红色文化引领作用,实施红色党建力量提升工程、红色党建基础提升工程、红色党建活力提升工程,强化红色精神的理论和实践学习,以红色精神为支柱提升党员干部素质,以红色教育为引擎协助人才引进、吸引人才返乡、深耕人才培养,以红色文化产业为核心推动文化产业换档升级、促进旅游发展、打造

"红色井冈"区域品牌,以红色理念为核心提升农民思想文化素质、倡导农村社会新风、满足农民精神文化需求,将红色引领理念贯穿到组织建设、人才队伍建设、产业发展和乡村治理的进程中,凝聚乡村振兴的新动能。

2. 绿色生态建设激发地区发展新活力

立足地区丰富的生态资源和优势,吉安在巩固拓展脱贫攻坚成果和乡村振兴有效衔接过程中充分融入绿色发展理念。通过普及乡村绿色发展知识,营造起乡村绿色文明的新风尚;通过深化林权改革、发展绿色产业、创新绿色金融等多项举措盘活乡村生态资源,畅通了生态价值转换通道;通过乡村生态资源建设和人居环境整治,提升了乡村生态环境;通过建立乡村生态环境分区监管制度、落实乡村生态补偿和赔偿制度、深入乡村生态环境执法检查制度以及加强乡村生态环境责任追究制度,夯实了乡村绿色发展的制度保障。

3. "遇困即扶"构建防止返贫新机制

吉安深入贯彻落实习近平总书记在决战决胜脱贫攻坚座谈会上重要讲话精神,全面落实《国务院扶贫开发领导小组关于建立防止返贫监测和帮扶机制的指导意见》要求,探索推行"遇困即扶"机制,通过落实一套排查核准程序全覆盖式"过筛子";一套应急救助办法,快速响应"解困局";一套专项帮扶措施,分层分类"拔穷根";一套保障措施体系,周密拉网"兜底线"的"四个一套"帮扶体系,从源头上预防致贫返贫。

4. "四个一"模式引领产业兴旺

吉安立足区域产业发展的基础和特色,探索出"一户一亩井冈蜜柚、一户一亩横江葡萄、一户一个鸡棚、一户一人务工"以及"由村干部或致富带头人带头领办、党员主动参与、村民自愿参与、脱贫户统筹参与"的"四个一""一领办三参与"产业扶贫模式，形成了"一村一品""一乡一业"特色产业结构。同时构建"政府＋企业＋农户"的产业组织形式，坚持乡村产业规模化、标准化、生态化、品牌化发展要求，延长产业链、提升价值链、融通供应链，促进产业深度融合。

5."党建＋乡贤"推动乡村有效治理

吉安市以基层组织为抓手，坚持"五位一体"帮扶办法，持续整顿软弱涣散村党组织，深入实施农村党组织带头人整体优化提升行动，通过党建引领发挥基层党组织核心引领作用。同时，紧密结合"三治融合"的基层社会治理新体系和特色乡土人才培育工程，构建多方参与的乡村治理体系。发挥乡贤在助推乡村振兴、助推乡村治理等方面的独特作用，延伸统战服务手臂，拓展基层服务平台。

三、经验启示

脱贫攻坚与乡村振兴的有效衔接包含多个方面。吉安立足区域自然资源、革命文化资源和地缘性等方面的优势，以及脱贫地区在资本积累、基础设施建设、人才培育引进等方面的劣势，探索实践三个"五项重点"工作，推动脱贫攻坚到乡村振兴的政策制度衔接、重点工作落实和目标任务推进，为中部地区乃至全国各地提供了重要经验借鉴。

（一）建立防止返贫致贫的动态监测与多部门联动帮扶机制

低收入人群和相对贫困人口将长期存在，是脱贫摘帽地区面临的重要现实问题。建立防贫特别是防止返贫的预警机制、监测机制和长效帮扶机制，是巩固拓展脱贫攻坚成果同乡村振兴有效衔接的关键所在。吉安探索实践"遇困即扶"防返贫机制，通过常态化实时监测、行业部门数据交换和大数据平台分析，实现对监测对象返贫致贫风险的提前预警预判；设立监测平台调度中心，将已脱贫户、脱贫不稳定户和边缘易致贫户数据纳入智慧化平台进行系统预警。同时通过多部门联动响应的帮扶系统，有针对性地对接各类帮扶举措，实现过程机制、职能部门之间的有效衔接互动，促进防返贫工作开展。

（二）立足资源特色推动乡村产业发展

特色资源禀赋是农村产业发展的基础，产业融合是增强农村经济活力、解决剩余劳动力就业问题的关键，而稳定的利益联结机制是推动农业产业健康发展的核心。因此，发展农村产业，首先必须以当地资源为依托，立足当地资源特色。特别是伴随农业现代化发展进程推进，推动农村三产融合发展，需要进一步破解农村产业融合发展的用地难题、融资难题、要素市场不健全以及专业人才匮乏难题，增强产业融合发展的基础。同时，发挥专业合作社的带动作用和合作性，积极引导小农户与合作社及新型农业经营主体共同发展，以利益联结机制为枢纽，提高农民组织化程度。

（三）充分调动多元力量参与完善乡村治理体系

强化农村基层党组织领导核心的村级治理体系是实现治理有效的关键，激活乡贤资源、凝聚乡贤力量是实现治理有效的重要抓手。无论是加强农村社会治理，还是实现乡村振兴战略的推进，都必须以加强基层党组织建设为基础前提和保障。在日趋老龄化、空心化的农村，动员多元力量参与是完善"三治融合"治理体系的重点。特别是乡贤作为民情、民意的代言人，也是当前乡村多元协同治理体系中重要的主体之一。通过吸纳乡贤参与村庄发展决策，发挥其专业特长助力乡村建设，搭建乡贤创业平台，不仅可以优化乡村治理体系，也可以助推乡村经济发展。

脱贫攻坚有效衔接乡村振兴的信阳实践

摘要：信阳市对于中部地区市域推进脱贫攻坚成果同乡村振兴有效衔接具有典型意义。信阳市在巩固拓展脱贫攻坚成果有效衔接乡村振兴进行了有效的实践探索，在坚决守住不发生规模性返贫底线的基础上，巩固拓展脱贫攻坚成果；推进产业帮扶方式，壮大"多彩田园"特色产业；深化人居环境整治成果，实施"百千万工程"；强化群众发展主体地位，着力打造本土人才队伍；有力有序推进巩固拓展脱贫攻坚成果有效衔接乡村振兴。信阳市在巩固拓展脱贫攻坚成果有效衔接乡村振兴实践中积累了四个方面的基本经验：认真践行习近平关于"三农"工作的重要论述，以多种手段实现"巩固""拓展"与"衔接"有机统一，以高质量发展引领巩固拓展脱贫攻坚成果有效衔接乡村振兴，以党建引领为基础确保巩固拓展脱贫攻坚成果有效衔接乡村振兴工作保障有力。从信阳市的实践有五点启示：一是正确把握实现巩固脱贫攻坚成果同乡村振兴有效衔接的深刻内涵，二是有力有序实现"三农"工作重心任务转移，三是秉持整体思维与系统思维，四是坚持人民至上的根本立场，五是以共同富裕为根本目标追寻，打造乡村发展命运共同体，推动广大农民走向共同富裕之路。

关键词：信阳市　脱贫攻坚　有效衔接　乡村振兴　经验启示

一、背景情况

信阳是河南省最南部地级行政区域，总面积1.89万平方千米，总人口887.92万，辖2区、8县以及6个管理区、开发区。信阳属大别山集中连片特困地区，所辖8县均为贫困县，其中6个是国家级贫困县，2个是省级贫困县，是河南省唯一一个所辖县均为贫困县的地级市。2013年年底全市建档立卡贫困村920个，贫困人口21.7万户78.3万人，贫困发生率10.88%。2020年年底，信阳绝对贫困人口全部清零，920个贫困村全部出列，所有贫困县全部摘帽，区域性贫困问题得到有效解决，取得了脱贫攻坚战的全面胜利。2019年9月，习近平总书记深入信阳视察调研，对信阳市脱贫攻坚工作给予充分肯定，为信阳市现代化进程指明了方向。

党的十九大以来，信阳市贯彻落实《中共中央 国务院关于实施乡村振兴战略的意见》，制定了《信阳市乡村振兴战略规划（2018—2022年）》等22个文件，以完成脱贫攻坚为首要任务，有效衔接乡村振兴，积极探索乡村振兴的综合发展模式。2021年以来，信阳市高质量完成巩固脱贫攻坚成果目标，实现了脱贫的稳定与长效，呈现出低收入人群脱贫状况稳定、发展有序推进的良好局面。信阳市立足本土优势，加快农业高质量发展、促进乡村产业振兴和乡村建设行动共同推进，乡村振兴多样化业态布局初具规模。信阳市依托本地优势资源打造高质量旅游产业，全面推进乡村建设，以高质量的本土旅游开发促进全域旅游推进乡村振兴布局初步形成。

信阳市重视领导干部理论武装，形成了重视学习、勤于思考的良好氛围，干部群众主动并善于把上级政策要求与本地发展实践结合起来，勇于开拓创新，引领各项工作稳步向前并取得突破。

二、信阳市巩固拓展脱贫攻坚成果有效衔接乡村振兴实践探索

1. 在坚决守住不发生规模性返贫底线的基础上拓展脱贫攻坚成果。一是把"四个不摘"落到实处。坚持财政支持力度不减、政策优化，确保现有帮扶政策总体稳定。延续"五级书记"共同抓的工作方法，保持脱贫攻坚指挥部门和人员的稳定性。把"两不愁三保障"作为巩固脱贫成果的基本要求和核心指标，织密织牢民生保障网。仅 2021 年已下达中央、省、市三级财政衔接推进乡村振兴补助资金共 12.07 亿元。组织新一轮选派第一书记和驻村工作队员进村入户结对帮扶，坚持原有的督查巡查通报例会等制度。二是构建防贫返贫监测帮扶机制。因户因人精准施策，及时干预，动态调整，确保消除返贫致贫风险。截至 2021 年 8 月，全市三类监测对象共计 8497 户 29691 人。三是着重持续激发内生动力。推广"爱心美德超市"，制定积分激励办法，物质奖励和精神奖励有机结合，激发贫困群众的主动性、积极性，巩固群众"自奋蹄"发展意识。出台"以奖代补"政策，用市场机制激发群众内生动力。

2. 推进产业帮扶方式，壮大"多彩田园"特色产业。一是建基地联村带户，采用"龙头企业＋合作社＋农户"等多种利益联结模式，建设"多彩田园"产业基地 1942 个，覆盖 93.5% 的贫困村，

带动建档立卡贫困户9.1万户29.1万人。二是建园区联企带乡，围绕培育千亿级食品工业产业集群。全面实行"链长制"，建设全产业链"专业园区"；园区内组建"公司（合作社／家庭农场）+ 基地"的农业产业化联合体，实现龙头企业与"多彩田园"产业基地的有机连接。三是创品牌联城带县，实施绿色兴农、品牌强农战略，全市创建省级农业绿色发展先行区。获批1个国家级、3个省级特色农产品优势区。实施"信阳毛尖"国家级区域公用品牌保护工程，推进区域公用品牌创建，打造县级区域公用品牌，积极开拓"一带一路"和京沪广深等大市场。

3. 深化人居环境整治成果，实施"百千万工程"。一是突出特色延续美丽，在规划上体现豫风楚韵、红绿相映的特点，通过县级国土空间规划编制，明确村庄布局，用规划的刚性保证千村不同貌。二是突出宜居方便群众，结合农村人均环境整治提升五年行动，继续推进农村厕所革命，加快推进农村生活污水治理，逐步推进农村生活垃圾和资源化处理利用试点，探索推进城乡环卫一体化，提升农村路、水、电、网、物流等基础设施建设水平，缩小脱贫村与非贫困村之间的差距，缩小城乡差距。三是突出融合促进增收，发挥红色文化、绿色生态、古色村落等资源优势，围绕建设大别山北麓全域旅游示范区、全国知名红色文化传承区、国家传统村落集中连片保护利用示范市，打造融幸福宜居和就业创业于一体的幸福家园。

4. 强化群众发展主体地位，着力打造本土人才队伍。一是"领着干"。用好带头人，大力实施"三个培养"，把产业发展带头人培养成党员，把党员培养成产业发展带头人，把党员产业带头人培养成村干部，带领群众一起致富。二是"教着干"。加大农民群众技能培训力度，着力提高脱贫劳动力就业技能和持证比例，优化就业结构，增加就业收入。加大新型职业农民培育力度，不断提升本土人才的创新创业素质、科技水平、职业技能和经营能力。三是"自己干"。调整优化政策举措，探索激励群众积极向上精神、主动发展理念的扶持政策，增进群众自主发展项目的意识和能力。

5. 有力有序推进巩固拓展脱贫攻坚成果有效衔接乡村振兴。一是凝聚思想共识。信阳市上下始终牢记习近平总书记"两个更好"的指示精神，以"两个更好"统筹老区发展，坚持一切围绕"两个更好"，一切为了"两个更好"，在加快大别山革命老区振兴发展中找准实现"两个更好"的新路子，聚焦"学、研、谋、干"，推进巩固脱贫攻坚成果和乡村振兴的有效衔接。二是抓点带面。选择了乡村振兴示范引领乡镇32个、村107个、重点帮扶村165个，进行分类指导、重点推进，抓两头带中间，以点串线、以线带面，扎实推进与乡村振兴的全面有效衔接。三是将改革作为巩固拓展脱贫攻坚成果有效衔接乡村振兴的动力源泉，在改革中促进乡村善治，充分激发农业农村发展活力。

三、信阳市巩固拓展脱贫攻坚成果有效衔接乡村振兴的经验启示

（一）基本经验

1. 认真践行习近平关于"三农"工作、乡村振兴的重要论述。以"两个更好"为指引，"用好深化改革这个法宝""把农民组织起来""依托丰富的红色文化资源和绿色生态资源发展乡村旅游""夯实乡村治理这个根基""把人力资本开发放在首要位置"，充分发挥其作为国家粮食主产区，连接长江经济带、黄河流域生态保护和高质量发展的联动协同区、"全国知名的红色文化传承区"的区位优势，充分将信阳市乡村振兴实践融入国家区域发展战略，为全面推进乡村振兴开拓了良好的工作局面。

2. 以多种手段实现"巩固""拓展"与"衔接"有机统一。出台一系列政策文件，把持续巩固拓展脱贫攻坚成果、全面提升乡村发展水平、建立健全农村低收入人口常态化帮扶机制、全面推进乡村振兴出彩等重点任务统筹推进，实现"巩固""拓展"与"衔接"有机统一。建立防止返贫监测和帮扶机制的实施办法，因户因人精准施策，及时消除返贫致贫风险。建立控辍保学长效机制、危房改造动态监测长效机制，持续巩固健康扶贫"3+2+N"医疗保障模式，推动产业帮扶政策措施由"到村到户为主"向"到乡到村带户为主"转变，稳步提升"两不愁三保障"水平。大力实施农村道路畅通工程，畅通农产品进城、农业生产资料和农民生活消费品下乡的物流服务体系。

3.以高质量发展引领巩固拓展脱贫攻坚成果有效衔接乡村振兴。出台《信阳市人民政府办公室关于深入推进农业供给侧结构性改革大力发展优势特色农业的意见》《信阳市人民政府关于加快推进农业高质量发展建设现代农业强市促进乡村产业振兴的实施意见》等文件，积极创建农产品特色优势区、区域公用品牌、现代农业产业园区，实现市级统筹、县区协同、集聚发展，推动以产业高质量发展引领巩固拓展脱贫攻坚成果同乡村振兴的有效衔接。通过订单生产、合同协议等形式，帮助农民节约生产成本、分享规模效益，实现共同富裕。

4.以党建引领为基础确保巩固拓展脱贫攻坚成果有效衔接乡村振兴工作保障有力。一方面，信阳市基层通过单独组建、联合组建等方式把党组织建在产业链上，并形成纵向到底、横向到边的管理机制；通过创新党组织活动方式，把产业链党员的组织生活与生产经营活动有机融合；通过划分责任区、创办党员示范户等活动充分发挥党员的模范带头作用。另一方面，采取"党支部+合作社+农户""党支部+龙头企业+基地+农户""党建联盟+产业联盟""党支部领办合作社"等模式，以党组织为桥梁，以产业为纽带，推动产业组织与党组织人员互动、事务共商、活动共办，打造党建共同体推动乡村产业发展，把组织优势转化为产业发展优势。

（二）主要启示

1.正确把握实现巩固脱贫攻坚成果同乡村振兴有效衔接的深刻内涵。一方面，脱贫攻坚与乡村振兴相互联系，二者都是中国特色社会主义道路的重要组成部分，都坚持以人民为中心的基本立场，都包含了补短板的方法论思维，共同统一于实现"全体人民共同富裕"的历史过程中。这要求在衔接过程的工作中必须防止出现标新立异、另起炉灶、别树一帜的偏差认识和实践。另一方面，二者在历史阶段、农民地位、实施手段、任务等方面也存在着重要差异。打赢脱贫攻坚战是实现"全体人民共同富裕"历史过程的第一步，乡村振兴则是紧随其后的第二阶段。脱贫攻坚战阶段，农民是一种身份和帮扶对象，实施手段是城市帮乡村。乡村振兴阶段，农民则是一种职业和振兴的主体，实施手段是城乡融合。信阳市的政策设计与实践探索正是抓住了"衔接"所蕴含的辩证逻辑，把握住了发展的阶段性和衔接转换的主要矛盾，从解决建档立卡贫困人口"两不愁三保障"为重点转向实现乡村产业兴旺、生态宜居、乡风文明、治理有效、生活富裕，从集中资源支持脱贫攻坚转向巩固拓展脱贫攻坚成果和全面推进乡村振兴。

2. 有力有序实现"三农"工作重心任务转移。要稳定种粮农民补贴，让种粮有合理收益，提升粮食和重要农产品供给保障能力，确保粮、棉、油、糖、肉等供给安全；要统筹布局生态、农业、城镇等功能空间，科学划定各类空间管控边界，坚决遏制耕地"非农化"、防止"非粮化"。要遵循创新、协调、绿色、开放、共享的发展理念，依托乡村特色优势资源，打造农业全产业链，推进农村一二三产业融合发展示范园和科技示范园区建设，让农民更多分享产业增值收益。要支持农业产业化龙头企业创新发展、做大做强，加快形成工农互促、城乡互补、协调发展、共同繁荣的新型工农城乡关系；突出抓好家庭农场和农民合作社两类经营主体，发展壮大农业专业化社会化服务组织。

3. 秉持整体思维与系统思维。信阳市通过全面加强党的集中统一领导，充分发挥了各级党委总揽全局、协调各方的领导作用。将脱贫攻坚阶段形成行之有效的中央统筹、省负总责、市县乡抓落实的工作机制，落实到巩固拓展脱贫攻坚成果有效衔接乡村振兴过程中来，既坚持全面规划，加强整体性推进，同时又突出重点。坚持城乡融合发展，将农业发展同工业和第三产业的发展有机结合起来，在遵循农村、农业发展的规律基础上，因地制宜，促进一二三产业的协调发展。要聚焦突出问题和明显短板，坚持问题导向和目标导向相统一，回应人民群众诉求和关切，着力固根基、扬优势、补短板、强弱项，在多重目标中寻求动态平衡。

4. 坚持人民至上的根本立场。始终坚持人民至上，是无产阶级政党对待人民群众的根本立场，是马克思主义的本质要求。十八大以来，习近平总书记提出了以人民为中心的发展思想，这是马克思主义与中国实际相结合的最新理论成果，是中国共产党人对人民至上的最新运用与发展。信阳市在巩固拓展脱贫攻坚同乡村振兴有效衔接过程中坚持人民至上的根本立场，坚持发展为了人民，发展成果由人民共享，维护人民根本利益的原则，尊重广大农民意愿，注重激发广大农民积极性、主动性、创造性。

5. 以共同富裕为根本目标追寻。共同富裕是指全体人民通过辛勤劳动和相互帮助最终达到丰衣足食的生活水平，也就是消除两极分化和贫穷基础上的普遍富裕。信阳市成功地实现所有区县全部脱贫的关键之一就是各级党委政府坚持共同富裕的原则，做好兜底保障，确保每一村每一户每一人在脱贫攻坚中不落队。同样，在拓展巩固脱贫攻坚同乡村振兴衔接过程中信阳市通过农村产业融合、产业链建设以及产业链、价值链、供应链三链互动，形成了包括企业合作社、村集体等在内的利益共同体和责任共同体，搭建了共同富裕的发展平台，达成发展目标与路径共识，激发了广大农民共同富裕的意志和致富的内生动力，打造了乡村发展命运共同体，推动了广大农民走向共同富裕之路。

由脱贫到振兴：乐山市的乡村建设行动

摘要： 乐山市立足新发展阶段、贯彻新发展理念、构建新发展格局，全方位把握新形势和新要求，高站位谋划、高标准部署、高效率推进，严格执行过渡期"四个不摘"工作要求，保持帮扶政策、资金支持、帮扶力量总体稳定，以更为扎实的举措、汇聚更强大的力量推动脱贫攻坚政策举措和工作体系向乡村振兴平稳过渡，确保脱贫攻坚成果有效巩固，城乡经济发展动力显著增强，人民生活水平稳步提高，乡村治理能力有序提升，农业农村现代化步伐加快，逐步实现农业高质高效、乡村宜居宜业、农民富裕富足的目标，为持续巩固拓展脱贫攻坚成果同乡村振兴有效衔接，实施乡村建设行动贡献新力量、展现新作为，也为有效衔接乡村振兴工作提供乐山经验、乐山智慧。

关键词： 乡村建设行动　乐山经验　市域乡村振兴

一、乐山市实施乡村建设行动的背景

乐山曾是四川省脱贫攻坚主战场之一，既有与大凉山贫困程度相近的小凉山彝区，也有集中连片贫困的乌蒙山区，以及"插花"贫困的丘陵地区，具有贫困区域集中、彝区贫困发生率高等特征。

2016年以来，乐山市整合投入各类扶贫资金550余亿元，累计实现6.8万户21.2万名建档立卡贫困人口脱贫、259个贫困村退出、4个贫困县"摘帽"，提前1年书写了全域整体脱贫的历史篇章。乐山市积极推进乡村建设行动，经济社会持续快速发展，为持续巩固脱贫攻坚成果，有效衔接乡村振兴工作提供了乐山经验、乐山智慧，探索了一条市域乡村振兴的新路。

二、乐山市实施乡村建设行动的主要做法

（一）坚持党建引领，强化乡村建设行动的政治底色

乐山市充分发挥党建工作的核心引领作用，通过统筹协调辖区内各领域党建工作，整合调动各方资源向乡村地区聚集，为实施乡村建设行动、有效衔接乡村振兴提供了坚实的组织保障。以农村基层党组织建设为主线，坚持农村基层党组织领导的核心地位，坚持乡村振兴重大事项、重要问题和工作由党组织讨论决定。充分发挥村级党组织战斗堡垒作用，强化班子工作带动和村级事务自治。加强农村基层党组织带头人队伍建设。实施村党组织带头人队伍整体优化提升行动，深入实施"好书记"培养引领计划，选优配强村党组织书记，配齐配强驻村帮扶工作队伍。

（二）推进生态振兴，走乡村绿色发展之路

乐山市坚持生态优先，绿色发展，积极推进农村生态保护与治理，优化农村人居环境，大力发展生态农业和循环农业，建设美丽

乡村。

牢固树立"绿水青山就是金山银山"的发展理念,以森林质量精准提升、退耕还林、天保工程等项目为依托,打好生态牌,实现生态增绿。认真抓好国家绿化造林项目和生态建设工程,加强重点生态功能区宜林地造林、迹地更新造林,全面推行林长制,建立以党政领导负责制为核心的保护发展森林资源市、县、乡、村四级责任体系。综合治理农村环境,改善乡村人居环境。乐山市以"五大行动"为抓手,持续深入推进垃圾治理、污水治理、厕所改造、村容村貌提升、农业废弃物资源化利用。

(三)"扶志+扶智",激发群众内生动力

乐山市以引导人民群众树立主体意识为抓手,坚持扶志、扶智相结合,聚焦人民群众的能力养成和自我发展潜力培养,深入实施信心提振、动力激发、智力帮扶、新风培育、典型示范、堡垒提升"六大行动",变"输血"为"造血",在解决物质贫困的同时着力解决精神贫困和素质贫困。大力实施"劳动收入奖励计划",建立贫困户"红黑双榜""负面清单"管理等奖勤罚懒机制,激发群众摆脱贫困的积极性和主动性,增强贫困群众自主发展意识和自主脱贫能力,提振致富奔康的信心。实施就业帮扶行动计划,统筹整合各类培训资源,突出就业增收实施职业技能、突出乡村振兴实施农村实用技术等三大培训工程,拓宽转移输出渠道,促进就近就地就业,帮助贫困劳动力多渠道就业。以"贫智双扶,穷愚双治"为思路,精准施策,探索出具有乐山特色的教育帮扶模式。鼓励科技人才服务农村，大力引进农业技术、医疗卫生、文化教育、经营管理等专业人才，充实乡村振兴人才队伍，加快建立职业农民制度。

（四）深化农业农村改革，推进城乡融合发展

乐山市以深化农村集体产权制度改革为突破口，全面推进农村集体资产资源"三权分配"，坚持农村改革与"三农"发展统筹推进。一是创新建立农村改革工作推进制度，着力做好"人才、土地、金融"三篇文章，加快构建城乡融合发展、要素双向合理流动的制度体系。二是坚持城乡统筹发展，完善城乡融合机制。探索县（市、区）域"多规合一"试点，划定生产空间、生活空间、生态空间，构建县（市、区）域空间保护和利用的有序格局。创新城乡基本公共服务均等化体制机制。开展统筹城乡的基本公共服务制度改革试点，扩大开放领域，创新供给模式。完善县（市、区）域城乡义务教育、卫生计生、社会保障等资源均衡配置机制。完善村级公益事业财政奖补机制，探索社会力量参与公共服务的有效方式。加快推进农业转移人口市民化。

（五）抓实产业发展，助推乡村振兴

乐山市坚持绿色发展理念，以农业增效、农民增收、农村繁荣为目标，以种植业、养殖业、乡村旅游业、农产品加工业、乡村服务业为发展重点，以建基地、创品牌、搞加工、促融合为抓手，培育了完善现代农业产业体系，极大地推动了农村产业的融合发展。围绕"一区六带"农业产业布局，以现代农业园区建设为核心载体,深入贯彻全市建设现代农业"8+3"产业体系推进会议精神,将农业产业发展纳入全市现代农业"8+3"产业体系整体推进。坚持"区域、流域、全域"布局,大力发展特色优势产业,逐步完善特色优势产业发展格局,推动特色产业由点状、散状向带状、块状集聚,由非优势生产区域向优势生产区域集中,让产业发展快速融入区域优势农产品产业体系。

(六)改善农村人居环境,建设美丽宜居乡村

乐山市以实施乡村振兴战略为抓手,坚持政府主导、村民主体的原则,突出"补短板、强弱项、抓重点",持续推进农村人居环境整治"五大行动",全面完成农村人居环境整治"三年行动"目标任务,为乡村居民提供了美丽的宜居环境。坚持"厕污共治",加快推进农村"厕所革命";坚持梯次推进,有序推进农村"污水革命";全域推行分类,持续深化"垃圾革命";开展村庄清洁行动,创新推进"村貌革命";坚持生产与生态并重,有序推进畜禽养殖废弃物资源化利用工作。

(七)移风易俗除"穷根",自立自强奔小康

乐山市将移风易俗工作作为打赢脱贫攻坚战、实现乡村振兴的重要抓手,总结出了移风易俗"三纲"统全局、"三法"破难题、"三载体育新风"的做法,有效扭转了"双高"反弹、大操大办等不良风气。针对彝区"高价彩礼、炫富攀比、铺张浪费"等不良风气和部分贫困户存在的"等、靠、要"消极思想,组建"革除陈风

陋习、助力脱贫攻坚"主题宣讲团，深入区县、乡镇、社区等基层单位，采取群众喜闻乐见的语言和方式进行宣讲，营造告别陋习、树立新风的氛围。

（八）创新"集中供养+居家救助"，织牢社会保障网

乐山市紧紧聚焦精准脱贫、聚焦特殊群体、聚焦群众关切，切实发挥社会救助"兜底线、救急难"作用，及时将符合条件的困难群众纳入低保、特困供养或临时救助范围。同时持续加强监测预警力度，加大对返贫致贫风险较高的已脱贫人口、建档立卡边缘人口等群体的排查走访力度，及时跟进救助，确保兜底保障不漏"一户一人"，切实兜牢社会保障民生底线。充分发挥社会救助工作的职能作用，积极探索创新，走出了一条"集中供养+居家救助"的帮扶新路径。

三、乐山市乡村建设行动的经验启示

通过实施乡村建设行动，乐山市脱贫攻坚成果有效巩固，农业现代化水平全面升级，城乡发展面貌整体改善，乡风文明建设显著增强，乡村治理能力有序提升。乐山市脱贫攻坚的经验：

（一）注重抓实责任衔接，市县同步补短补强

乐山市在衔接乡村振兴中，精准对标中央和四川省要求，明确市级定位，充分发挥市级统筹作用，全方位加强对市域衔接乡村振兴工作的组织领导、科学谋划、统筹调度和考评监督，形成了市县

联动、责任不减的乡村振兴工作体系。

(二)注重加强监测预警,防治并举保质保量

乐山市在衔接乡村振兴中,严格执行"五定"工作法,以早发现、早干预、早帮扶为目标,抓好临贫边缘、特殊群体、突发事件导致的困难群体三类特殊人群,用足扶持政策、用好行业资源、用活基金保障,确保了无一户返贫致贫人员。通过对低收入人口采取低保兜底、"居家救助+集中供养"、特困供养、残疾人补助等综合帮扶措施,分层分类实施专项救助,压实监测帮扶责任,杜绝漏管失帮。

(三)注重强化收入保障,产就结合增收增效

乐山市立足促农增收目标,发挥特色产业优势和就业平台资源,支持农业品种培优、品质提升、品牌打造,壮大产业带动长效发展,稳住就业拓宽增收路径,促进返乡在乡脱贫劳动力发展产业和就业增收。培育和壮大特色优势产业,围绕"一县一园"目标,聚焦8大优势特色产业,加快建设现代农业园区。

(四)注重优化资源配置,农旅融合宜居宜业

乐山市在衔接乡村振兴中,创新推动文旅融合发展,立足资源禀赋,找准"生态观光、农旅深度融合"发展定位,坚持因地制宜,培育特色产业,发展乡村旅游,以农旅融合带动乡村发展。

（五）注重提高治理效能，党群联动创新创优

坚持把加强乡村治理模式创新和制度建设作为乡村振兴的重要内容，以实施改革攻坚、示范创建、品牌建设"三大行动"为牵引，创新乡村治理抓手，探索各类组织参加乡村治理有效方式，大力推动治理体系优化、治理改革深化、治理服务提升、治理队伍培育、治理示范引领、治理效能评价"六大行动"，积极构建党组织领导的自治、法治、德治相结合的乡村治理体系。

四、建议

党中央作出实施乡村建设行动的战略决策，让乐山迎来了创新发展的机遇期。但机遇与挑战并存，乐山市在实施乡村建设行动过程中，仍然存在不少问题和挑战，主要表现为农业发展基础不稳、产业升级遭遇瓶颈、基础设施建设存在短板、人才队伍建设面临困难等方面。为推进乡村建设行动，促进从脱贫到振兴的有效衔接，特提出以下政策建议。

（一）加强农村"场镇"建设，推动城乡共融发展

深化场镇提升工程，持续推动小城镇建设，补齐乡镇场镇基础设施短板。将小城镇视为城乡融合发展的大问题，推动制定以小城镇带动周边村庄发展的整体规划建设方案，建设一批以城带乡的示范城镇，探索新型城镇化和乡村振兴战略"双轮驱动"的乐山经验。

（二）加强基础设施建设，推动乡村产业振兴

强化乡村基础设施建设，推动乡村经济社会数字化、信息化发展转型。加强高质量基本农田建设，持续加大农田水利、机耕道、仓储冷库等基础设施建设力度。紧抓农村人居环境整治，促进村容村貌整体改善，推进美丽乡村建设。

实施乡村建设行动，需加强产业建设，夯实产业基础。要加快建设高质量产业园区。应以园区带动地区内农业产业发展、延伸产业链条。进一步完善产业发展的利益联结机制，使产业发展的效益惠及更多农户。

（三）强化乡村服务供给，推动公共服务均等化

注重普惠性、兜底性及基础性民生建设，推动城乡居民基本医疗、养老、最低生活保障等制度的城乡并轨。建立城乡公共资源均衡配置机制与交流机制，推动城乡公共服务均等化配置，促进城乡公共资源交流共享。加强农业社会化服务改革，健全覆盖农业全过程、综合配套、高效便捷的农业社会化服务体系，增强小农户生产生活的风险抵抗能力。

（四）深化农业农村改革，推动集体经济发展

深化农村集体产权制度改革。深入推进农村集体经济与农村合作社改革，明确集体资产归属、稳定农户承包权、放活土地经营权。创新农村集体所有制实现形式，强化农村集体经济及新型经营

主体联农带农机制，推动农村资源变资产、资金变股金、农民变股东。

（五）深化乡村治理改革，推动乡村组织振兴

深化基层党建改革创新，提高农民政治组织化水平。深入推广"四议两公开"等民主决策方式，引导农民参与村庄公共事务。推进乡风文明，提高农民文化组织化程度。振兴村域经济，提高农民经济组织化程度。发挥农民在乡村建设行动中的主体作用。

（六）加强人才队伍建设，推动乡村人才振兴

加强培训，提高农民科学文化素养，激发农民乡村建设主体性，就地培育新型职业农民与各类专业人才。破除资源要素与人才下乡障碍，出台鼓励引导支持返乡人才创业的相关政策，促进"归巢经济"发展。构筑人才支持保障体系，完善人才返乡下乡留乡的政策支持体系。

从试验区到示范区：
毕节的脱贫攻坚和乡村振兴有效衔接

摘要：为了打破生态环境恶化和贫困的恶性循环，20世纪80年代建立了"开发扶贫、生态建设"试验区，经过40年的艰苦努力，毕节探索了一条生态建设与扶贫开发相结合的道路，成功实现脱贫。进入全面实施乡村振兴战略时期，毕节被确认为"新发展理念示范区"。毕节坚持"四个留下"，巩固脱贫攻坚成果；围绕"闯新路、开新局、抢新机、出新绩"，着力推动绿色发展、人力资源开发、体制机制创新，落实新的发展理念。作为欠发达地区贯彻新发展理念的示范区，毕节坚持创新、协调、绿色、开放和共享；作为地级市，毕节统筹城乡，推进城乡融合发展，推动一二三产业的综合发展；作为脱贫地区，毕节结合本地条件，采取有力措施巩固拓展脱贫攻坚成果同乡村振兴有效衔接，稳步推进乡村振兴。

关键词：扶贫试验区　新理念发展示范区　毕节经验　市域乡村振兴

一、毕节市推进乡村振兴的背景

由于土地瘠薄、生态条件恶化和人口过度膨胀，毕节市曾经是贵州省，也是全国最贫困地区之一。20世纪80年代建立了"开发扶贫、生态建设"试验区，通过扶贫与生态建设相结合，发展具有地方特色的产业，坚持扶贫创新，发挥多党合作的作用，消除了绝对贫困。在巩固拓展脱贫攻坚成果与乡村振兴有效衔接中，毕节被确定为"新发展理念示范区"。毕节坚持"四个留下"，巩固脱贫攻坚成果；围绕"闯新路、开新局、抢新机、出新绩"，着力推动绿色发展、人力资源开发、体制机制创新，落实新的发展理念。作为欠发达地区贯彻新发展理念的示范区，毕节坚持创新、协调、绿色、开放和共享；作为地级市，毕节统筹城乡，推进城乡融合发展，推动一二三产业的综合发展；作为脱贫地区，毕节结合本地条件，稳步推进乡村振兴。

二、毕节市建设新发展理念示范区的主要做法

（一）坚持党建引领，强化乡村建设行动的政治底色

毕节市充分发挥党建工作的核心引领作用，通过发扬文朝荣精神，开展党建提质攻坚行动，淬炼党性，着力基层党组织能力建设，提升基层党组织的"四力"，即合力、实力、战力、活力；突出"引领"效能，在提升党组织能力的前提下，开展"党组织+"模式，实行党员联系服务机制，凝聚合力。通过党建引领，产生了"党组织领办合作社"、党建引领"四个留下"、党建统领"三治"融合、"党建+积分"等经验，提升了乡村治理效能。

（二）强化"四个留下"，巩固脱贫攻坚成果

毕节市将脱贫攻坚与乡村振兴有效衔接起来，在乡村振兴中全面发挥驻村帮扶、合作社、集体经济和乡村治理体系的作用。毕节市为了巩固脱贫成果衔接推进乡村振兴，围绕"组织强""产业强""集体强""治理强"，适时提出了"四个留下"这一具体、可操作的目标体系，进而探索出了党建引领"四个留下"工作机制，形成了巩固脱贫成果有效衔接乡村振兴的治理支撑。截至目前，全市村干部队伍达1.68万人；党支部领办村集体合作社7229个，覆盖群众625万人；村集体资产总额73.2亿元，村均资产202.5万元。

（三）坚持生态优先的原则，同步实现发展与保护

面对"生态极端脆弱"和"一方水土不能养活一方人"的实际，毕节牢牢抓住发展和生态"两条底线"，寓生态建设与经济发展之中，有机地推进生态恢复与生态建设协调发展，探索生态补偿和投入机制，拓展本土化生态建设途径，初步走出了一条适宜本土化发展的、积聚生态效益、经济效益、社会效益的发展路子。一是实施生态工程，开展石漠化、水土流失综合治理，全市累计治理石漠化土地面积1878.64平方千米，森林面积达到2416万亩，森林覆盖率提高到60%，基本形成了生态环境与人口、经济良性运行与协调发展的态势。二是推进农业综合治理和开发，采取生物措施、工程措施和农耕措施并举，强化生态建设和粮食生产统筹推进，共建

成高标准农田42.36万亩，其中高效节水灌溉面积10.2万亩，在贫困地区建设高标准农田15.99万亩。三是促进生态与经济融合发展，推进生态产业化、产业生态化，发展林下经济、生态旅游，全市林下经济利用林地面积386.28万亩，实现产值39.87亿元，其中林下种植利用森林面积76.92万亩、产值12.45亿元，林下养殖利用森林面积136.65万亩、产值8.17亿元，带动农村人口35.41万人，助推11.7万余贫困人口脱贫。

（四）发挥地区优势，实现产业升级

毕节农村产业发展的最大限制因素是山，最大优势也是山。毕节市围绕"山"做好文章，实现产业振兴。在长期的产业扶贫实践中，毕节逐步确立了念好"山字经"、种好"摇钱树"、打好"生态牌"的发展思路，围绕促进农民增收这一核心，以调整产业结构、培育新兴产业为手段，以科技推广为关键，以农村综合改革为动力，大力发展山地特色高效生态农业，促进农业区域化布局、规模化生产、市场化经营、产业化发展，推进规模化、标准化农业园区和产业基地建设，逐步形成了"传统产业生态化、特色产业规模化、新兴产业高端化"的发展路径，构建起"粮经饲统筹、农牧结合、种养加一体、一二三产业融合"的产业格局。毕节在产业发展中聚焦"特色化"，做优产业；聚焦"标准化"，做强基地；聚焦"集团化"，做细服务；聚焦"绿色化"，做美生态；聚焦"品牌化"，把产业做精；聚焦"多元化"，做大市场；聚焦"精准化"，做活机制。

（五）提升城市带动作用和服务功能

毕节把新型工业化作为推动高质量发展的首要任务，奋力推动工业大突破。随着毕节交通条件的改善和企业园区建设，一些大型企业开始落户毕节，推动了毕节工业发展。以工业发展带动地方经济增长，不仅为农村劳动力提供了就业机会，而且增强地方经济实力，繁荣市场，对乡村振兴提供了直接的支持，形成了以工补农，以工促农的新格局。

此外，毕节把提升城镇化率作为新型城镇化的重要目标，加快完善基础设施功能配套。毕节不仅仅将城镇作为发展非农经济，转移农村人口的场所，更重要的是发挥城镇的服务功能，让城镇为乡村服务。毕节推动完善城镇体系，做优中心城市、做强县域城市、做特小城镇，推进城乡一体化，提升城镇品质。毕节以小康水、小康路、小康电、小康讯、小康房、小康寨和农村污水处理设施、垃圾收运处理设施、文化活动广场等"6+X"项目建设为抓手，完善小城镇的基础设施建设，辐射乡村的公共服务。

（六）发挥人力优势，提升人力资本

毕节在新发展理念下，重新审视当地资源优势，树立"人力资本是第一资本、人才是第一资源"的理念，凝心聚力推动人力资源开发，推动毕节从人口大市向人力资源强市转变，释放人口红利，加快示范区建设步伐，为此推动出台了《毕节市加快推进人力资源开发工作的实施意见》，从开发体制机制创新、发展规划、服务载

体等方面完善人力资源开发和提升。

加大职业培训，变低端劳动力为职业能手。毕节实施"制造能手""种养能人""经营人才""贴心天使""家庭管家""自强先锋"六大培养工程，壮大初端人才队伍。在劳动力培训中，毕节重视技能的实用性，探索行业、产业、企业、专业、学业、职业"六业融合"的人才培养模式，使培训的技能切实帮助受培训人增加就业，提高收入。仅对易地扶贫搬迁劳动力技能培训累计达到7.64万人，促进就业5.22万人，显示出培训对于就业有巨大的促进作用。通过技能培训，劳动力素质提高，形成了毕节劳动力输出的品牌效应。同时，毕节吸引人才回流毕节，促进当地产业发展。比如毕节积极推进"雁归工程"，鼓励返乡创业。毕节已有数十万人返乡创业。依靠人力资源，实施人才强市的战略，毕节把人才作为实现经济转型、弯道超车的新动能。

（七）发挥统一战线优势，助力乡村振兴

统一战线遵循习近平总书记和全国政协主席汪洋的重要指引，在新的阶段继续支持毕节试验区改革发展，贯彻新发展理念，适应新形势，瞄准新目标，发挥统一战线人才荟萃、智力密集、联系广泛的优势，助力毕节科学决策，开展示范建设，参与基层治理，推进非公经济助力毕节乡村发展。

统一战线积极争取中央统战部、各民主党派中央、全国工商联参与有关规划的编制，发挥统一战线优势作用，凝聚智慧、凝聚共识；整合市内统一战线资源力量，组建统一战线加力脱贫攻坚服务

团（包括统一战线帮扶项目服务团、党派专家服务团、民营经济助力农村产业发展服务团）；积极参与毕节市的示范创建工作，发挥各民主党派的优势，分别建立教育、医疗、卫生等方面持续发展示范点、产业发展示范点、文化旅游示范点、集体经济示范点等多种类型发展示范。通过示范乡镇、示范点和示范项目建设，推进高质量乡村振兴。

三、毕节市推进乡村振兴的经验启示

通过实施新发展理念示范区的建设，毕节市脱贫攻坚成果有效巩固，农业现代化水平全面升级，城乡发展面貌整体改善。毕节瞄准高质量发展，围绕"四新"主攻"四化"，创新乡村振兴的思路，把乡村振兴的功夫做到乡村之外，形成毕节的乡村振兴经验。

（一）以新发展理念统领乡村振兴

巩固拓展脱贫攻坚成果同乡村振兴有效衔接一定要践行新的发展理念，坚持"创新、协调、绿色、开放、共享"。对于毕节来说，巩固脱贫攻坚成果不能仅仅满足于贫困农户不返贫，而是要上一个新的台阶，推动经济高质量发展。毕节围绕"四新"主动"四化"，创新机开新路，推动新型工业化、新型城镇化、农业现代化、旅游产业化。毕节经验表明，巩固拓展脱贫攻坚成果同乡村振兴的有效衔接需要城乡协同，乡村振兴要跳出乡村看乡村。

（二）完善机制巩固脱贫攻坚成果

巩固拓展脱贫攻坚成果不仅要靠投入，而且要靠健全机制。毕节的"四个留下"，为基层留下一支永远不走的工作队、留下一批活力强劲的合作社、留下一份殷实厚重的村集体资产、留下一套高效管用的乡村治理体系。"四个留下"切合当地实际，从政治、经济两个维度，为稳定脱贫和乡村振兴提供了基础。解决低收入农户的收入固然很重要，但是更重要的是建立防返贫的机制，机制有了，才能真正解决贫困问题。

（三）把基层党组织建设落到实处。

完善党对农村工作的领导，发挥党组织的战斗堡垒作用，是一切农村工作成功的经验。毕节把基层党组织建设落到实处，从精神、组织和能力三个方面入手，加强基层党组织建设。在精神建设中倡导文朝荣精神，在组织方面建设中，完善农村基层党组织；在能力方面，党组织领办合作社，使基层党组织开展农村工作有了重要抓手。基层党建必须要有组织，有人员，有抓手。

（四）推进城乡融合发展，强化城镇对乡村的辐射和服务

新型的城乡关系要推进城乡融合，强化城镇对乡村的辐射和服务。毕节在建立新型城乡关系中做出了积极的探索，首先，形成从中心城市到小城镇的城镇体系，避免过度城市化所带来的人口向中心的城市的过度集中，造成发展的不平衡；其次，通过"6+X"

的小城镇建设，强化小城镇对乡村的服务，实现面向农村的城镇建设。

（五）发挥人力资本优势

将人口优势转化为人才优势，是落实新发展理念的重要举措。大规模的培训，对于提升劳动力素质发挥重要作用，同时积极引进人才，为毕节的经济发展注入活力。在中国迈向社会主义现代化的过程中，区域之间的竞争将主要体现在人才和人力资源的竞争，毕节经验做出了很好的示范，即提升现有劳动力的质量，良好的用人制度吸引人才。

（六）发挥社会力量在乡村振兴中的作用

毕节的脱贫攻坚和乡村振兴都离不开统一战线的支持。脱贫攻坚和乡村振兴是新时期多党派合作的重要领域，也是统一战线新的任务，发挥民主党派的智力优势，创新乡村振兴经验。不仅有统一战线的支持，毕节经验表明，广泛的社会参与，发挥社会力量优势，可以有效推进乡村振兴。

（七）脱贫地区必须坚持绿色发展

绿色发展既是脱贫地区必须坚持的发展道路，也是脱贫地区的后发优势。在脱贫以后，一方面要坚持保护优先的原则，强化生态环境保护，同时也要在保护优先的原则下推进开发，将绿色的资源优势转化为经济优势，实现"绿水青山就是金山银山"。

第二章　县级案例

特困山区的蝶变之路
——河北蔚县发挥"五大优势"做好"八大衔接"助推乡村振兴

摘要： 蔚县在脱贫攻坚中后期和推进乡村振兴的进程中，瞄准首都水源涵养区和生态环境支撑区定位，围绕当地区位、生态、特色农业、文化资源、组织优势，积极探索克服人才、资金、技术和企业家等要素制约和困难，通过推进交通、生态、社区、产业、文化、公共服务、人才、资金投入等有效衔接与整合，探索出了特困山区乡村振兴的有效路径和措施。

关键词： 蔚县　衔接　乡村振兴

一、背景情况

在脱贫攻坚战前，蔚县是国家扶贫开发重点县、"燕山—太行山"特困片区县。建档立卡贫困人口13.6万人，占总人口约27%；贫困村253个，占行政村的45%。2020年2月，河北张家口蔚县脱贫摘帽。蔚县脱贫攻坚中后期急起猛追，强化组织建设，层层压实责任，人人担当作为；瞄准首都水源涵养区和生态环境支撑区定位，持续推进生态文明建设；围绕当地特色农业和文化资源优势，发挥产业扶贫积极作用；挖掘和利用社会资源，有效克服了人才、资金和技术等瓶颈制约，成为河北省脱贫攻坚先进县。蔚县健康扶贫工作荣获"2019年度中国民生示范工程奖"，蔚县退休干部脱贫工作队被中组部评为"全国离退休干部先进集体"，受到习近平总书记亲切接见。蔚县脱贫攻坚成果及其相关经验受到积极评价和肯定。

脱贫攻坚历史性地转移到全面推进乡村振兴，蔚县积极探索克服人才、资金、技术和企业家等要素制约和困难，借鉴脱贫攻坚工作中形成的组织推动、要素保障、政策支持、协作帮扶、考核督导等工作机制，着力巩固拓展易地扶贫搬迁和基础设施建设以及公共服务保障等成果，积极探索推进乡村生态振兴、产业振兴、人才振兴、文化振兴和组织振兴有效路径和措施。其中一些做法和经验值得全国其他地方借鉴。

二、主要做法

（一）面临的主要矛盾问题

一是交通基础设施薄弱。蔚县具有明显的区位优势，但交通劣势也十分明显，蔚县与北京直线距离120千米，既不通高铁，又无直线高速公路，走现有公路体系从县城到北京城区要3小时以上，从张家口到蔚县也要2小时路程。

二是面临产业开发与生态保护的双重挑战。蔚县地处首都水源涵养功能区和生态环境支撑区的核心。蔚县是北京的西大门，蔚县的空气、水等质量状况对北京的生态起决定性作用，是首都重要的生态屏障。同时，蔚县煤矿估计贮量达到40亿吨，露天煤栈、小炼油小炼铝企业星罗棋布。

三是易地扶贫搬迁任务繁重。蔚县居住在生态极其脆弱的地方和经济条件差的贫困农民，涉及14个乡镇144个行政村的266个自然村，超过1.3万人。

四是本地小米、杏树杏果等优势特色农产品，因没有龙头企业带动，无法形成规模化种植，未能形成一二三产业融合发展的产业链，小农户无法对接大市场，未能实现综合经济效益。

五是丰厚的农村文化资源处于沉睡状态。蔚县拥有中国历史文化名镇2个，中国历史文化名村2个，中国传统村落名录35个，素有"800村堡、800戏楼"之称，其中古堡尚存300多处，古建筑数量众多。这些文化资源未能有效激活、没有得到良好开发。

六是公共服务水平较低是蔚县的突出短板。因病因残、留守儿童等特殊学生群体较多，乡镇公共卫生服务设施薄弱，医疗保险覆盖面低，养老问题突出，因病因灾等易返贫的脱贫脆弱户较多。

七是人才缺乏严重。因长期贫困，人才外流较严重，加上城镇化、工业化，大量农村青壮年劳动力转移，进一步加剧了农村老龄化和高龄化。

八是县级财政实力有限，资金投入压力大。蔚县脱贫攻坚五年，县级扶贫专项资金累计投入不足1.5亿元，在扶贫领域全部投入中所占比重很小。

（二）以"八大衔接"推进乡村振兴

1.巩固拓展基础设施建设成果与将区位优势转化为交通优势有效衔接

脱贫攻坚期间，不完全统计的蔚县主要基础设施投资近80亿元，实施一大批水、电、路、房和通信等建设工程。推进京蔚高速公路建设，建成通车后蔚县有望全面融入首都"一小时经济圈"。脱贫攻坚期间，25.7万人口解决安全饮水，2021年自来水入户率近90%，为7600多户解决危房，在村村通基础上，改建村内主干道，每个乡镇都创建"四好农村路"。同时严格按照标准开展常态化排查，建立了农村饮水动态监测机制、交通运营管护体制机制等，发现问题及时解决。

2.生态修复和保护成果巩固拓展与生态振兴有效衔接

为了发挥好水源保护和固沙固碳减排等生态功能，"十三五"期间，蔚县关闭取缔露天煤栈263家，小炼油小炼铝等企业347家，实施封山育林，涵养水源。蔚县林草资源丰富，森林面积达到189万亩，草甸面积65万亩，林草覆盖率由脱贫攻坚前的61.5%，提高到2020年年底的72%，建成了长达57千米、约2000亩的壶流河湿地公园。

脱贫攻坚期间，为规模养殖场全部配备粪污处理设备，实施推进农村人居环境整治行动，清理垃圾，治理污水，每户补助2万元装备真空负压厕所，深受脱贫户欢迎。农民通过参与工程建设或者获得生态公益性岗位，或者退耕还林还草获得补偿，或者将造林和种植果树结合，多途径实现增收。应对水源涵养功能区和生态环境支撑区只能强化不能弱化的挑战，不断提高补偿标准，营造生态水源保护林，建立长效机制加强管护，增加因生态建设而失去经营机会的农民的收入，发展节水农业，适宜地区继续发展经济林，探索打造京西特色康养基地。

3.易地扶贫搬迁成果巩固拓展与社区建设有效衔接

为了更好地建设首都水源涵养区和生态环境支撑区，"十三五"期间，蔚县易地扶贫搬迁超过1.3万人，高水平建设并使用16个移民安置小区，按照城镇标准配套建设水、电、路、暖和通信等基础设施，配套建设学校、卫生室、全民服务中心并提供相应公共服务。制定《搬迁群众代办陪伴工作制度》，对因病因残贫困农民进行兜底保障，引进适宜的扶贫车间和加工企业在小区设厂，确保愿意就业的搬迁农民全部能够就业。制定《易地扶贫搬迁安置小区社区管理办法》，设立党组织，以文化建设为抓手，强化服务和管理，如在南杨庄宜兴社区制定实施《宜兴社区居民文明公约》和《宜兴社区居民行为守则》，组建社区文艺队和秧歌队，丰富居民文化生活，倡导文明风气，增强了居民对新社区的认同感和归属感。

4.特色产业扶贫成果巩固拓展与产业振兴有效衔接

蔚县特有的气候特点和多样化的土壤类型，种植杂粮优势明显。在全国工商联"万企帮万村"的号召下，粮油行业头部企业益海嘉里在蔚县扶贫调研发现小米等杂粮具有优势，决定发展以小米为核心的特色产业。益海嘉里发展订单标准化种植和加工，将全产业链整合起来，小米种植面积由2万亩扩大到20多万亩，形成了名牌赋能、盈利反哺为主要内容的产业扶贫模式，打造了"金龙鱼爱心桃花小米""金龙鱼蔚州贡米""香满园蔚贡小米"和"元宝蔚贡小米"等品牌，与集团电商平台、经销商及线上线下不同分销渠道整合，带动当地小米产业发展。蔚县通过配套建设中药材种植基地、基础设施和协助土地流转等，吸引中药材加工企业。蔚县通过龙头企业作用，培育合作社，带动农户，发展基地，蔬菜果树、中药材等小宗特色主导产业不断发展壮大，参与农民流转土地获得租金，在企业工作获得薪金，返租承包田间管理获得现金，多渠道增收。

5. 文化资源保护开发成果巩固拓展与文化振兴有效衔接

蔚县文化底蕴深厚，国家级文物保护单位22处，省级18处，非物质文化遗产72处，剪纸是世界非物质文化遗产，秧歌和拜灯山入选国家级非物质文化遗产，为全国文物保护第一大县，被列为国家历史文化名城。蔚县冬季以"火红的蔚州·红火的年"为主题，以"游古城、赶大集、赏花灯、唱大戏、逛古镇、品小吃、观社火、看树花"为主要内容，举办蔚县民俗文化旅游节。春天以"赏杏花、看树花、游古堡、逛古城"为主题，举办杏花节、中国剪纸艺术节。

蔚县旅游资源也较丰富，拥有4A级旅游景区1个，为小五台山金河景区；3A级旅游景区5个，包括飞狐峪空中草原景区和龙壶湾景区等；四星级酒店2家，星级标准连锁酒店10多家，民宿点发展超过20家，农家乐超过140家，建成一家高标准的房车营地。驻村帮扶推行"吃派饭"做法，驻村干部于本村农民家中同吃同住，倾听贫困家庭诉求，分析致贫原因，解决贫困问题。旅居产业将"吃派饭"做法推荐给客人,让客人沉浸式体验蔚县农家生活方式,受到部分居住客群体的欢迎。

6. 公共服务建设成果巩固拓展与促进基本公共服务均等化有效衔接

蔚县创新基础教育方式,针对因病因残无法随班就读的适龄儿童,实施了送教上门服务,对有困难学生和厌学生安排进入"初职衔接班",让孤儿及时入住益海助学中心,实现了贫困家庭子女的义务教育学生零辍学。脱贫攻坚期间,蔚县累计投资近4000万元提升县人民医疗和中医院医治水平,投资近2000万元改造乡镇卫生院,投资约60万元新建村卫生室,22个偏远乡镇卫生院配备了流动村卫生室服务车。为贫困人口筹集基本医疗保险、大病保险和医疗救助等基金超过5亿元,确保贫困人口应保尽保,就医费用应报尽报。蔚县大力动员社会力量参与公共服务体系建设,益海嘉里捐资600万元建设了蔚县益海孤儿助学中心,接受6—15周岁孤儿,建设蔚县益海儿童关爱中心,接收留守且学习和生活有困难的儿童。

蔚县为脱贫不稳定户、边缘户和因突发事件而陷入严重困难的家庭义务教育阶段学生实行动态监测,及时落实相关资助政策,全面落实控辍保学。蔚县探索建立防贫保险制度,对因病、因灾和交通事故等带来返贫风险的,及时启动救助,发放防贫保险金。推广最低生活保障线和巩固脱贫线并轨,确保绝对贫困动态清零。

7. 人力资源开发成果巩固拓展与人才振兴有效衔接

蔚县大力发展职业技能教育,开办剪纸、家政服务和手工纺织等培训,通过培训和职业教育,当地年轻农民掌握一技之长,在市场竞争中具有了就业优势,增加工资性收入。同时,蔚县多途径聚集和使用人才,脱贫攻坚期间,由河北省文化厅原副厅长李建华在内的退休干部组成"退休干部扶贫工作队+",帮助解决矛盾纠纷,谋划实施产业项目,贡献突出。蔚县借鉴脱贫攻坚成立退休干部扶贫工作队做法,建立健全引导各类人才服务乡村振兴长效机制,鼓励和引导各方面人才向基层流动。

2018年,蔚县与北京密云协作帮扶,密云向蔚县选派了100多名专业技术人员和干部交流,为蔚县改善医疗教育等公共服务提供了有力支撑。蔚县在社会上广泛吸纳人才,组建古堡振兴人才智囊队、产业助力队、科技指导队、金融服务队、文化宣传队、退休干部模范队、生态建设保护队七支队伍,有助于缓解当地人才不足矛盾。

8.脱贫攻坚成果巩固拓展与乡村振兴资金投入有效衔接

蔚县脱贫攻坚期间,扶贫领域累计投入资金33.3亿元,其中各级财政专项扶贫资金10.4亿元,涉农整合资金5.1亿元,五年专门用于"两不愁三保障"的财政预算资金达10.5亿元。历史性转移到乡村振兴后,2021年,蔚县衔接资金3.4亿元,比上年同口径(扶贫专项资金)增长3.7%,其中中央和省级的衔接资金预算分别为1.8亿元和1.1亿元,比上年同口径分别增长2.3%和0.2%。

三、经验启示

一是要把绿色发展理念贯穿经济社会生活各个方面和全过程。要加强生态环境保护和建设,重点要加强产地环境保护治理,统筹推进山水林田湖草系统治理,大规模植树造林种草,营造生态水源保护林，建立长效机制加强管护。加大农业面源污染防治，持续推进化肥农药减量增效，发展节水农业，提升农膜回收、秸秆综合利用和畜禽粪污资源化利用。

二是全方位建设好居民点，完善相应服务和管理体系。按照现代化方式建设住房，提高房屋质量，北方地区统一解决供暖、厕所改造和污水处理等问题，健全机构，配备人员，发挥志愿者等社会资源积极作用，应注重文化建设，丰富居民文化生活，满足居民文化需要，办好就业培训和就业服务，让新居民安居乐业。

三是要推进种养基地化和规模化、加工集群化、科技集成化，形成一二三产业全产业链开发和有效利益联结机制格局，提高农业综合效益。发挥村级组织加龙头企业等作用，通过"支部+龙头企业+基地+合作社+农户"等方式，带动农民发展现代农业，实现共同富裕。引导鼓励龙头企业和其他龙头组织选择适宜的"订单收购+分红""土地流转+优先雇用+社会保障""农民入股+保底收益+按股分红"和"土地托管+补贴和政策红利分成"等利益联结方式，让普通农户分享加工、销售环节收益。

四是要不断提高教育培训、医疗卫生和养老等社会保障水平，促进基本公共服务均等化，解决支出的刚性增长的突出矛盾。借鉴PPP（Public-Private Partnership，政府和社会资本合作）筹资模式，鼓励用人单位和地方出资，发展面向农民就业创业需求的职业技术教育与技能培训，建设一批产教融合基地。争取财政项目深入实施新生代农民工职业技能提升计划。全面推进健康乡村建设，提升基层医疗卫生服务水平。发展农村普惠型养老服务和互助性养老。

滴水穿石闽东魂　全家福安振兴路
——闽东特色的乡村振兴之路实践

摘要： 福安市牢记习近平总书记在宁德工作期间推出的"大农业发展"理念，始终秉承"弱鸟先飞、滴水穿石"的闽东精神，牢记嘱托、感恩奋进，推动经济社会各项事业发展，念好"山海经"，多抱"金娃娃"，勇担"当标杆、走前头、做贡献"的历史使命，砥砺前行、不断探索，重视产业融合、品质提升、品牌打造，走出了一条具有闽东特色的产业振兴之路，实现了从"省定贫困县"到"全国百强县"的巨大跨越。

关键词： 产业振兴　因地制宜　弱鸟先飞

一、背景情况

福安简称韩城，位于福建省东北部，水陆交通便捷，自然资源富集，是海西东北翼的交通枢纽和闽浙赣内陆的重要物资集散地，下辖2个省级经济开发区、13个镇、5个乡、4个街道，总人口67万人，素有"中国茶叶之乡""南国葡萄之乡"等美誉。2020年，全市生产总值608亿元，较2019年增长6.3%；农村居民人均可支配收入19717元，增长6.5%。

福安是全国最早开展摆脱贫困的地方之一。20世纪80年代中期，福安交通闭塞、产业薄弱，贫困人口20.45万人。习近平总书记在宁德工作期间，亲自挂钩联系福安，曾经"四进坦洋""三上毛家坪""两赴下岐"，踏遍福安的山山水水，"喝过坦洋工夫茶，人走情常在，我的心和你们的心是永远贴在一起的"离别赠言，见证了总书记与福安人民的深情厚谊。党的十八大以来，福安广大干部群众始终牢记习近平总书记提出的"滴水穿石""弱鸟先飞"嘱托，树牢"四个意识"、坚定"四个自信"、坚决做到"两个维护"，将习近平总书记对闽东人民的关心厚爱，转化为乡村振兴的动力，推动经济社会不断向前发展，创造了"弱鸟"先飞的奇迹，成功入选全国县域经济百强县、全省县域经济发展十佳县，走出了一条具有闽东特色的乡村振兴之路，探索出经济社会全面发展的"福安路径"。

二、主要做法

（一）壮大特色现代农业，坚持乡村振兴"五化"发展路径

福安市始终牢记习近平总书记寄予的"闽东学'三洋'""坦洋要当领头羊"深情嘱托，根据自身特点，深化农业供给侧结构性改革，坚持"抓两头带中间"，构建了以茶叶、葡萄为主，果业、畜牧、水产、林竹、中药材、林下经济等全面发展的"2+N"特色农业产业体系，推动形成种植规模化、生产标准化、市场品牌化、销售信息化、发展企业化"五化"深度融合的产业格局。

一是构建农业产业体系。加强茶叶、葡萄两大主导产业的发展，推动茶企业在标准化、规模化、组织化、品牌化上开拓创新；建设特色葡萄生态小镇，培育壮大一批葡萄果醋、葡萄果汁等精深加工企业。二是打造农业特色品牌。培育家庭农场、农民专业合作社等新型农业经营主体，大力发展"互联网+"现代农业，促进农业与旅游、文化、教育、康养等产业深度融合发展。打响坦洋工夫红茶、福安葡萄、穆阳水蜜桃、穆阳线面、岳秀脐橙、范坑油茶、潭头芙蓉李、溪柄绿竹笋、上白石太子参等农业特色品牌，提升特色现代农业竞争力。三是完善农业基础设施。加大政策支持力度，着力改善道路、饮水、电网、管网、通信等农村基础设施。四是提升农村人居环境。实施"一革命四行动"、农村人居环境整治五年行动计划，推进"绿盈乡村"建设，保护传统村落和乡村面貌，让乡村望得见山、看得见水、留得住乡愁。五是培育农村人才队伍。统筹乡村振兴指导员、服务队、驻村第一书记和科技特派员"四支队伍"，强化乡村振兴人才支撑，着力做好"引、育、用、留"四篇文章。六是突出乡村文化传承。坚持以文化人、以文化城，深度挖掘"畲、茶、古、廉、红"等福安传统文化，抓好坦洋工夫茶制作技艺、福安评话、平讲戏、穆阳线面等特色非物质文化遗产的保护传承。

（二）突出"福安贡献"，牢记"多上几个大项目"发展路径

福安市始终牢记习近平总书记"力争多上几个大项目，多抱几个'金娃娃'，加快跨越式发展"的殷切嘱托，以重大项目为引领，

以转型升级为动力，构建创新型现代产业体系，做大做强产业规模，不断壮大经济总量，作出"福安贡献"。

一是增强湾区经济动力引擎。主动融入湾区宁德四大主导产业发展格局，培育沿海战略性新兴产业承载区，推动白马港、赛甘片区、湾坞半岛开发，发展铜精深加工、锂电新能源、新能源汽车产业链配套项目，打造更多高质量发展的硬核支撑，与不锈钢新材料产业形成优势互补。二是加快传统产业转型升级。实施复兴计划，出台传统产业转型升级措施等政策，以创新驱动、质量为先、品牌打造为导向，推动转型升级，重振"中国中小电机之都""中国红茶之都""东南沿海船舶修造基地"雄风。三是拓展繁荣现代服务业。建设瓮窑物流园、青拓保税仓、赛岐农副产品物流交易中心等一批现代服务业项目和省级农村电商示范县，推动现代物流业专业化、集约化、规模化发展。构建"全域旅游"发展格局，重点推进"白云山水人家景观带"和"闽东延安景观带"建设，完善旅游配套设施，坚持办好特色品牌赛事，推进"生态＋"与"旅游＋"融合发展。

（三）聚焦"一市三区六组团"，打造城乡融合发展路径

福安市始终牢记：福安地理位置重要，是宁德的中心县（市），也是闽东重镇，一定要明确自己的地位，发挥自己的作用，深入实施"一市三区六组团"城市发展战略，做好国土空间规划编制和"三区三线"划定，精心打造更亮的城市面貌、更优的城市品质，走出一条城乡融合发展之路。

一是加快城市扩容提质。加快老城区西拓南展，推动城市新区发展提速，建设重要交通路网，加快互联互通。着力推动旧城改造，建设停车场和电动车充电桩，铺设天然气管道，改建城乡供水管网，建设城乡公交一体化等。二是强化城市精细化管理。以城市美化工程为契机，推进城乡环境综合整治常态化，建设智慧城市，建成城市数字化管理平台，实现城市管理数字化、精细化、智慧化。三是促进乡镇多样化发展。以产业为引领、解决好金融基础设施为配套，推进乡镇差异化、特色化发展。沿海乡镇发挥优势，打造产城联动、"三生"融合的特色小镇。如赛岐镇按照"小城市"定位，注重保护特色建筑景观，大力发展商贸物流业，建设山水交融的宜居现代"小城市"；湾坞镇围绕产业基础，提高产业配套功能，打造省级不锈钢新材料特色小镇；甘棠、溪尾两镇以重大基础设施项目、重大生产性项目落地为机遇，突出要素配套，打造福安南部新兴产业城。

（四）坚持改革创新，厚植营商环境发展路径

福安市认真贯彻习近平总书记在参加十三届全国人大二次会议福建代表团审议时提出的"营造有利于创新创业创造的良好发展环境"[1]重要要求，坚持改革创新，扩大对外开放，整体提升营商环境。

一是提高行政服务效能。深化"放管服"改革，压减行政许

---

[1]《释放全社会创新创业创造动能》，《人民日报》2019年3月11日。

可，整治各类变相审批。深化工程建设项目审批制度改革，执行"联合会商""一窗受理、集成服务"审批模式改革，使审批服务事项"一趟不联合图审"工作制度，实现审批最快最优。深化"互联网＋政务""一窗受理、集成服务"审批模式改革，使审批服务事项"一趟不用跑"达60%以上、即办率达50%以上。二是促进形成洼地效应。落实优化营商环境条例，围绕营商环境建设评价体系，解决好民营企业面临的拖欠账款、贷款困难、税费较高、金融风险等问题，持续优化营商环境。三是推动协作协同发展。融入闽东北协同发展区建设大局，深化与寿宁、周宁山海协作结对共建。实施百亿招商计划，强化"一把手"招商，坚持"走出去"宣传推介和"请进来"考察对接，组团参加国内各类知名品牌招商活动，引进新能源材料、不锈钢新材料、现代服务业、特色农业等产业链项目，建设电机电器国家级外贸转型升级示范基地，开拓国际市场。

（五）聚焦人民至上，共建共享"全家福安"发展路径

福安市继承和发扬习近平总书记在宁德工作期间倡导的"把心贴近人民"的优良传统，从"八七扶贫"到"造福工程"，从脱贫攻坚到全面小康，再到乡村振兴和共同富裕的实践，始终坚持人民至上、紧紧依靠人民、不断造福人民、牢牢植根人民，把民生保障制度落到实处，落实到各项决策部署和实际工作之中，落实到经济社会发展工作之中，不断满足人民日益增长的美好生活需要，共建共享"全家福安"。

一是长效监管固成果。深入排查"两不愁三保障"突出问题，

做到摘帽不摘责任、不摘政策、不摘帮扶、不摘监管，完善返贫监测预警机制。对全市83户290人已脱贫不够稳定对象进行分户造册、单列管理，落实一户一策重点帮扶措施，实现稳定长效脱贫。二是织密社会保障网。深入落实就业优先、支持创业各项政策，完善三级劳动人事争议调解网络体系，抓好"无欠薪"工业园区建设。推进养老保险、工伤保险、企业职工保险等扩面及续保缴费。构建租购并举的住房市场和保障体系，推动乡镇敬老院公建民营、医养结合。三是加快民生补短板。实施创新驱动发展战略，落实科技创新惠企政策，培育高新技术企业、科技"小巨人"领军企业。完善新时代科技特派员制度，壮大科技特派员队伍，推动科技特派员向行政村覆盖。优化教育资源布局，推动城乡教育均衡发展。四是提高群众安全感。强化社会治安立体化防控，推进更高水平平安建设，不断提升群众安全感。启动街道体制改革，推进社区网格化服务管理，打通社区服务"最后一百米"。深入开展矛盾纠纷排查调处和信访突出问题化解，认真解决群众合理诉求，依法维护群众合法权益，维护安定稳定大局。

三、经验启示

福安人民始终牢记习近平总书记嘱托，树立"弱鸟先飞"意识，坚持"滴水穿石"精神，把为民办实事摆在首位，通过发展现代农业、依托项目发展、推进城乡融合、厚植营商环境、强化民生保障等措施，走出一条欠发达地区超常建设、跨越发展的赶超之路，实现了由弱到强、由落后到繁荣的发展局面。

（一）坚持党的领导，发挥党组织核心作用

习近平总书记1988年在宁德工作时亲自部署扶贫工作，大力倡导并亲自带头"四下基层"，开启了"挂钩扶贫"的第一步。福安市扶贫工作始终坚持发挥基层党组织的战斗堡垒作用，坚持党的领导、部门支持、社会参与、统筹推进的大扶贫格局。实践表明，党的领导是扶贫工作得以顺利开展的坚实基础和组织保障，是实现乡村振兴的应有之义。

（二）激发内生动力，倡导"扶贫先扶志"

习近平总书记始终强调，"不要言必称贫，处处说贫""人穷不能志短""扶贫先扶志""弱鸟可以先飞，至贫可能先富"。摆脱贫困不仅仅是摆脱物质上的贫困，更重要的是摆脱思想上的贫困。福安市始终把教育放在先行的位置，从思想上拔掉穷根，并结合产业扶贫、就业扶贫、金融扶贫等方式，全面提高贫困人口自我发展意识和内生发展能力，促使其从"要我脱贫"向"我要脱贫"，最终到"我能脱贫"转变，实现扶贫政策的"造血"功能，从而让更多贫困户实现自主的精准脱贫，预防返贫现象的发生。

（三）遵循因地制宜，念好"山海田林经"

要始终扭住经济建设这个中心不放。每个部门、每个人都要有整体战略意识，心朝一处想，劲朝一处使，声朝一处发。比如组织"经济大合唱"、大念"山海田林经"。乡村振兴的长远发展，离

不开本土资源的挖掘、整合与利用，以及在此基础上发展壮大的产业群。福安市将发展适合当地的主导产业及产业群作为核心，坚持"宜工则工、宜农则农、宜商则商、宜游则游"，推进现代农业、旅游度假、生态观光、林下经济等多种特色经营项目，形成了"一村一品"产业格局，成为拉动当地群众增收的第一动力。

（四）执行精准施策，关注"老少边弱"

福安实践表明，执行精准施策、关注"老少变弱"是乡村振兴过程中遵循人民至上的生动体现。福安市干部群众苦干实干巧干，不断推进扶贫攻坚、脱贫致富、经济发展、老区建设、党建引领、少数民族发展等各方面创新，对返贫监测、社会保障、公共服务、社会治安等领域精准施策，在脱贫发展的每一步不忘任何一个群体、任何一人。

中部城郊脱贫县"双融合"促振兴之路
——山西阳曲县巩固拓展脱贫攻坚成果同乡村振兴有效衔接

摘要： 山西阳曲县在巩固拓展脱贫攻坚成果同乡村振兴有效衔接的过程中，围绕太原城郊县这一区位特征，先行探索城乡融合发展和农村一二三产业融合发展的"双融合"发展之路。在全面落实国家、省、市相关政策部署基础上，阳曲县因地制宜，围绕农文旅融合、发展壮大村集体经济、拓展"集团式"教育扶贫模式、搭建三重保险防致贫返贫等四个领域，形成了一系列特色做法、创新模式与先进经验。通过"双融合"的持续推进，阳曲县有效推动了县域经济的转型发展，增强了农民增收政策的普惠性，阻断了贫困的代际传递，构筑了易返贫致贫群体的牢固防线，走出了既带有城郊脱贫县的共性、又带有自身特色的乡村振兴道路。

关键词： 都市城郊县　城乡融合　三产融合

一、背景情况

阳曲县县情特点可以概括为以下五点。一是中部都市城郊县。阳曲县位于山西省太原市北部，被称为"太原之北大门"。距省会太原市半小时车程，108国道、大西高铁贯穿，毗邻雄忻高铁，与太原及雄安等周边城市的联络极为便利。近几年，太原市对其发展的"溢出效应"远远大于"虹吸效应"，是山西省极少数人口呈现净流入的县域。

二是黄河流域、黄土高原共同塑造县。黄河支流滋养、黄土高原覆盖的阳曲县具有独特的乡土特征与文脉传承，包括自然生态本底脆弱，农业发展空间有限；传统文化根基深厚，文化遗产资源富集；极端天气频发，易受气候变化影响。

三是资源型经济加速转型县。阳曲经济带有明显的资源型经济特征，同时也一直在寻求经济转型。近年来，除布局新型产业集群、工业园区外，多个大型工业龙头企业也从二产向一、三产融合方向加速转型。

四是革命老区县。阳曲县属于太行山革命老区。在解放太原战役中，阳曲是解放太原的前沿阵地，众多优秀党员和人民群众在支前战斗中做出了巨大贡献。

五是贫困县中较早脱贫（于2017年退出贫困县行列）且先行探索巩固拓展脱贫攻坚成果同乡村振兴有效衔接的县。在积极探索、主动创新的过程中，阳曲县形成了独具特色的做法、模式与经验。

二、主要做法

阳曲县在巩固拓展脱贫攻坚成果同乡村振兴有效衔接的过程中，紧紧抓住"都市城郊县"这一区位特征，立足巩固脱贫攻坚成果，全面推进乡村振兴，逐步走向共同富裕。具体而言，在全面落实国家、省、市相关政策部署基础上，阳曲因地制宜，立足防止规模性返贫底线任务和全面推进乡村振兴要求，在乡村产业、乡村建设、乡村治理等领域不断探索，破解堵点、难题，主动谋划创新，主要围绕农文旅融合、发展壮大村集体经济、拓展"集团式"教育扶贫模式、搭建三重保险防致贫返贫等四个领域，强化利益联结机制，形成了一系列特色做法、创新模式与先进经验，取得了初步成效。

（一）融合机制盘活闲置资源，助推县域转型发展

一是转型企业带动型："拉、帮、带"模式。部分优质转型企业开始探索由资源依赖型向一二三产业相融合的发展路径转变，其中发展较好的是山西桦桂农业科技有限公司，依靠二产收益连续多年不间断向农文旅融合项目投资，紧紧围绕脱贫群众展开"拉、帮、带"模式，通过转型企业的帮扶模式，周边村庄的农户年收入得到增加，部分农户的年收入甚至达到了3万多元。

二是红色资源撬动型："研学+旅游+服务"模式。拥有红色文化资源的村庄积极探索红色旅游产业。店子底村依托历史文化底蕴，深入挖掘红色元素，确定了"研学+旅游+服务"的发展模式，村集体经济逐渐壮大，做到了让老百姓"吃上旅游饭、挣上旅游钱、奔向小康路"。此外，以店子底村为代表的"支前模范村"，通过"挖掘支前故事，打造红色旅游"在带动村民走出贫穷、获得发展的同时，也弘扬了红色文化，传承了支前精神。

三是闲置资源利用型:"三金"旅游致富模式。青草坡乡村庄园通过租赁脱贫户闲置院落、土地等方式,探索出"房屋土地挣租金、上班打工挣薪金、旅游服务挣现金"的"三金"旅游致富模式。庄园常年就近雇用劳务人员务工、组织村民进行职业技能培训,带动村民开发旅游项目实现旅游服务增收,极大地拓宽了当地村民的增收渠道。

四是整合资金扶持型:"养殖+种植+旅游"模式。通过整合资金选择部分优质企业进行扶持。七峰山羊驼养殖基地通过借用村委的资金,每年定期向村委支付利息的方式来进行公司发展,逐步形成了"养殖+种植+旅游"一体化的模式。通过聘用村民在基地种植大棚作物、养殖羊驼,帮助周边村子的农户实现家门口就业,并且为村集体带来了部分经济收入。

(二)多元举措壮大集体经济,实现政策普惠延伸

村集体经济壮大与收益分配,关系到乡村振兴群众的获得感和幸福感,是解决特惠政策导致的不平衡问题以及实现共同富裕的重要着力点。阳曲县把发展壮大村集体经济作为带动群众增收的突破口,多措并举发展村集体经济。

一是借光生金,实现村集体经济破零。阳曲县按照"统一规划、统一建设、统一运维、统一分配收益"的原则,将全部光伏产业帮扶电站确权至各行政村,由县级管理平台统一运营维护,形成的光伏收益集中起来按照建档立卡人数、边缘人口占全县两类人口比例分配,进一步壮大村集体经济,充分发挥村集体经济的带农益

农作用。

二是资金扶持，助推村集体经济壮大。阳曲县选择收益稳定的产业进行村企合作，整合村庄闲置资金，带动村庄发展。以七峰山种养殖公司为代表的13个龙头企业分别借用全县9个乡镇60个村委的资金用于公司发展，每年定期支付村委利息，村委将利息收入用于村集体公益事业及公益岗位等支出，带动群众增收。

三是红色底蕴，激活村集体经济动力。店子底村依托红色文化底蕴，建成全国第一家村级"支前纪念馆"，吸引大批游客前来参观学习，为村庄注入了新的经济来源，带动了村集体的发展。

四是折股量化，拓宽村集体经济渠道。大盂镇移动新村、泥屯镇思西村等10个村，每村入股20万元，实施电商扶贫折股量化项目，为村子每年带来1.2万元的分红收入，提升了阳曲小米的知名度和市场竞争力，增加了农民收入，带动了全县相关产业健康发展。

（三）首邑学校托底花季梦想，引深扶志可持续化

针对近年来多数年轻人携带子女前往太原发展而引发的学校生源减少、师资力量分散等情况，阳曲县创设首邑学校。首邑学校通过集中教学模式，保障了"十三五"期间义务教育阶段贫困学生入学率、巩固率、完成率均达到100%。同时，从多角度培养了学生的健全人格，阻断了贫困的代际传递。具体而言，学校提出四项举措引深教育扶贫模式，面向特殊群体推进扶志扶智可持续化，实现有效阻断贫困代际传递的最终目标。

一是"集团化"管理，资源均衡分配。阳曲县吸纳10个乡镇50多个行政村的贫困、留守、单亲和山区零散教学点的学生，实行寄宿制，免费为学生提供食宿。通过将所有教师统一分配，均衡县域教师资源，实现"集团化"管理，让学生享受到同样的教育资源。

二是培育师资团队，提高教学质量。学校大胆任用一批年轻教师，并通过培训，提升教师的专业素质，优化课堂教学，全面提高教学质量，营造教师相互学习氛围。

三是德智体美劳全面发展，扶志扶智遍地开花。首邑学校针对贫困家庭的学生在行为习惯、心理方面存在的系列问题，以德育为抓手，辅之以德育超市、德育币等方式，培养健全人格，让学生用自己的力量茁壮成长。另外，学校探索通过社会力量、志愿者队伍对口合作形式，引进优质外部文体资源，让越来越多的弱势群体子女享受均衡优质教育，逐步实现德智体美劳全面发展。

四是落实双减政策，关注脱贫户子女身心健康与综合素质发展。首邑中学落实双减政策，除组建教学、活动、生活等多个专业管理团队，让孩子们开阔视野、学习技能、磨炼意志、激发他们的内在学习动力之外，学校会定期请社会团体到校表演舞台剧、开展素质拓展等活动，让脱贫户子女综合素质得到全面发展。

（四）三重保险筑牢返贫防线，防止规模返贫发生

针对在防返贫监测过程中出现的无劳动能力群体和因病、因灾、因意外事故生活困难的群体，阳曲县分类精准施策，长短效机

制结合，搭建三重保险，实现了由"人找政策"到"政策找人"的转变，构筑易返贫致贫群体的牢固防线。截至2021年8月底，经过多轮监测对象人口动态调整工作，阳曲县现有脱贫不稳定户244户，边缘易致贫户161户，突发严重困难户260户，将"三类户"纳入监测范围，精准帮扶，守住了防止规模性返贫的底线。

一是补充养老保险，直击薄弱环节。针对无劳动能力的群体，为破解易致贫难题，阳曲县落实"补充养老保险"制度，政府按200元/人为城乡困难群体代缴，鼓励子女为老人缴费提高养老保险待遇水平，鼓励集体经济组织进行补助，保障无收入来源的群体有养老金支持实现长期稳定脱贫。

二是购买式保险，做出快速应对。针对"三类户"，为有效降低防返贫致贫风险，阳曲县探索"购买式保险"模式，以"早发现早应对"为根本原则，由政府年初购买一定数量的脱贫保障险，除直接用于监测户外，留有名额用于因不可控因素可能致贫的农户，做出快速反应，降低致贫风险。

三是临时性救助，得到有效支援。阳曲县作为民政部临时救助全国改革试点县，建立了民政、扶贫、医保等15个涉及救助部门的内部协调机制，在全县形成了"任意部门一门受理、涉及部门积极评估、符合救助标准的部门同时救助"的综合救助体制。另外，阳曲县进行社会救助改革，进一步下放审批权限，将临时救助审批权和低保审批权下放到乡镇，依托社会救助信息平台进一步简化办事流程，在乡镇一级建立临时救助备用金制度。

三、经验启示

在巩固拓展脱贫攻坚成果同乡村振兴有效衔接阶段,都市城郊县在筑牢防返贫底线的基础上,应充分利用区位优势,对接大都市资源,开发县内闲置资源,积极推动"双融合",促进农文旅融合发展、一二三产业融合发展,为经济增长注入新的活力。同时,通过探索集团化办学、创新农村养老服务等措施,积极推动城乡基本公共服务均等化。

(一)以城带乡,实现城乡融合发展

其一,围绕服务于大都市的定位,推动农文旅融合发展,在吸引大量客流的基础上带动民宿、餐饮、物流等发展,增强县域经济活力。其二,培育特色现代农业,因地制宜发展塑料大棚、日光温室等现代化设施,保障大都市的蔬果供应,逐步提高农户的收入。其三,实施农产品品牌战略,强化产业扶持、项目带动的利益联结机制,巩固提升传统种养业、强势培育新产业、大力发展新业态。不断完善利益联结机制,持续推动脱贫成果稳中向好发展,促进农民多途径持续增收。

(二)一二三产业融合发展构建新发展格局

充分挖掘县域的历史文化资源和生态资源,避免同质化发展,拓展传统农业的功能定位,发展出多元化的乡村价值体系。其一,推进农文旅融合发展模式,打造以家庭农场、采摘旅游、有机生态

农业、研学培训等多业态构成的农文旅融合体系；探索"研学+旅游+服务""三金"等利益联结机制和增收模式。其二，有序推进县域企业向绿色经济转型，培育优势特色产业集群。充分发挥社会资本的作用，引导企业规划与转型发展相结合，通过发展"农业+体育""农业+教育""农业+康养"的农业新业态，以"拉、帮、带"的模式，推动企业转型发展和一二三产业融合发展。

（三）"集中式"教学缩小城乡教育差异

针对大量学生随父母前往城市就读而引发的学校生源减少、师资力量分散等情况，应整合县域教育资源，探索通过集团化办学的模式，推动城乡教育均衡发展。通过集中教学，让更多欠发达地区低收入群体子女享受均衡优质教育，将体育、艺术、音乐等课程融入课后服务和教学活动中，关注儿童心理健康和职业发展，有针对性地解决城乡融合中劳动力要素流动带来的教育差异大的问题。

（四）坚持立足当前与着眼长远相结合

立足当前，构建防返贫致贫机制，探索"购买式保险"、落实"补充式养老保险"，防止规模性返贫。着眼长远，加大农村养老服务的投入力度，完善敬老院、幸福院等高质量养老机构配置。同时，通过支持农村老年人居家养老、适当集中提供养老服务以及畅通随子女进城养老等途径，逐步缓解农村养老服务难题。

发掘县域资源优势与激活内生发展动力
——吉林省通榆县的实践与探索

摘要：2020年4月，吉林省通榆县退出贫困县序列。脱贫摘帽后，通榆县以实施"一二七六三三"有效衔接战略为突破口，以发掘县域资源优势与激活内生发展动力为主题，以党建引领有效衔接实践，在县域经济的整体布局和系统发展中推动产业衔接，坚持用科技助力脱贫攻坚和乡村振兴，坚持做好安置社区的全方位生产生活体系构建，以乡风文明建设助推乡村振兴，以多重路径发展壮大农村集体经济，建立健全"政社协动"的社会政策体系，深入发掘县域资源优势、充分激发内生发展动能，以此实现巩固拓展脱贫攻坚成果同乡村振兴有效衔接。

关键词：县域资源　党建引领　整体性治理

一、背景情况

通榆县始建于1904年，系白城市辖县。通榆县下辖3个街道、16个乡镇、172个行政村、1个省级经济开发区，总人口36.7万[1]，总

---

[1] 根据2010年人口普查数据。

面积 8476 平方千米，列全省第三位。2012 年，通榆县被确定为集中连片特殊困难地区范围内的国家扶贫开发工作重点县。截至 2015 年年底，经过精准识别，通榆全县共有建档立卡贫困人口 28746 户 54598 人，综合贫困发生率为 21.8%，贫困人口占全省的 7.8%、占全市的 27.2%。经过艰苦卓绝的脱贫攻坚战，2020 年 4 月 11 日，经吉林省人民政府批准，通榆县正式退出贫困县序列，实现摘帽。脱贫攻坚取得胜利后，通榆县以脱贫摘帽为新起点，持续推进全面脱贫与乡村振兴有效衔接。

通榆县以习近平总书记关于"三农"工作的重要论述以及在吉林考察时的重要讲话精神作为思想指引，总结脱贫摘帽有效经验，坚定不移地贯彻新发展理念、推进整体性治理、立足地方性决策，制定《通榆县关于实现巩固拓展脱贫攻坚成果同乡村振兴有效衔接的实施意见》，以瞄准"一大目标"、打造"两个平台"、发展"七大产业"、实施"六大工程"、创建"三大载体"、强化"三治措施"的"一二七六三三"发展战略，作为"有效衔接"工作的基本思路，探索出发掘县域资源优势与激活内生发展动力相融合的县域衔接模式。

二、主要做法

通榆县以实施"一二七六三三"有效衔接战略为突破口，以发掘县域资源优势与激活内生发展动力为主题，主要在七个领域推动有效衔接的具体工作。

（一）坚持党建引领，为乡村振兴提供组织保障

通榆在沿用脱贫攻坚时期党建思路的基础上，进一步强调将党的领导和党的建设融入实现有效衔接的全过程和全领域，通过构建一个在党的集中统一领导下政府、市场、乡村、农村等各多元主体协同发力、资源共享的发展格局，实现乡村振兴高质量发展的长远目标。具体而言，主要包括以下三个方面。

一是通过进一步完善基层组织建设和人才管理建设，强化乡村社会的主体性、内生性和能动性，在引导各类人才投身农村发展的过程中实现乡村社会活力的焕发。

二是将各级党组织的政治优势、组织优势转化资源链接优势和产业发展优势，采用"党建+集体经济""党建+合作社经营""党建+易地扶贫搬迁后续扶持"等多种形式，组织农民听党话、跟党走，逐步实现乡村产业振兴。

三是发挥村级党组织的弘扬文明新风功能以及党员领导干部的示范引领作用，创新"党建+孝老敬老餐厅""党建+爱心超市"等方式加强村社建设，促进"经济—社会"的协调发展。

（二）壮大县域经济，构建现代农业产业体系

进入衔接阶段后，通榆在保持以贫困户为中心、帮扶和带动力度不变的产业发展政策的同时，将工作重点转向持续壮大县域经济，进一步发掘资源优势并将其转化为特色产业发展优势，积极构建现代生态产业体系。

一是优化县域产业结构，提升县域发展整体水平，包括构建以现代农业产业体系、现代农业生产体系和现代农业经营体系为核心要素的县域现代农业体系，在"资源换项目"理念引导下，打造以清洁能源相关产业和畜牧业全产业链为支柱的县域工业发展格局，创新发展以商贸物流、电子商务、绿色金融、生态旅游等为特色的现代服务产业。

二是强化乡村产业支撑，增加集体经济收入，主要的措施是将村集体经济发展与县域产业项目运营相结合，通过生产联合、经营带动、资本分红等多种方式实现村级集体的投资受益和乡村产业的带动发展。

三是健全利益联结机制，确保农户分享发展成果，重点抓好产业面扩大和产业链延伸过程中的各方利益分配，在推进一二三产业的融合发展中实现农民的持续增收致富。

（三）科技助推发展，创新科技与农业协作机制

为了破解土地盐碱化、干旱少雨等生态难题，实现"藏粮于地、藏粮于技"战略目标，通榆在搭建科技农业一体化平台、创新促进科技与农业融合的体制机制、加强科技政策与农业政策衔接联动等方面进一步加大投入，初步探索形成了"政府引导、高校支撑、企业/合作社搭台、农户主体"政校企农四方协同创新的科技与农业融合模式。

一是深入挖掘吉林大学定点帮扶科技资源，强化科学技术源头供给，采用多项先进科技逐步改良盐碱耕地，在实现农民增产增收、区域生态环境改善的同时，有效保障了国家粮食安全。

二是将高校科技资源与农业农村资源相结合，通过一系列先进种养殖技术的示范推广和高附加值产品的技术研发，为县域农业生产结构的深度调整、农业生产效率的大幅提高、农业产业链的有效延伸提供了动力。

三是积极培育农村科技人才，采用科技特派员"1+N"制度、创业致富带头人链接辐射机制、家庭农场培育计划等多项措施，为培育更多爱农业、懂技术、善经营的新型职业农民贡献科技力量。

（四）强化后续扶持，建设可持续发展安置区

为了应对集中上楼居住的伴生问题和潜在风险，通榆在衔接阶段的易地扶贫搬迁后续扶持上，着眼于从多个维度确保上楼农民生活成本不提升、生活收入有保障、生活环境有改善。

一是构建可持续的生计稳定体系，通过预留菜园建设、农牧园区建设、农机园区建设、产业园区建设、扶贫车间建设等多项措施，在维系农民原有生产生活习惯和推动乡村特色产业发展的同时，确保搬迁农民在安置区就能够充分稳定就业。

二是构建可持续的生活保障体系，利用易地扶贫搬迁各项政策性补贴、光伏收益分红、集体经济收入等多个资金渠道，为安置区农民解决供热、物业等费用，有效降低了农民上楼成本。

三是构建可持续的社会融入体系，进一步加强集中居住区的基础设施建设和配套设施建设，探索以美德行为兑换扶贫生活物资等多种乡风文明建设方式，使安置区农民同时享受现代社区的优质环境与文明风貌。

（五）塑造乡风文明，满足脱贫群众精神文化需求

随着县域"三农"工作重心转向全面推进乡村振兴，通榆在精神帮扶方面的工作重点也从"志智双扶"转向了乡风文明建设。

一是将"爱心超市"的服务对象扩大化、积分功能多元化、志愿服务网格化，将"孝老餐厅"的建设方式制度化、运营方式标准化、投入方式多元化，通过不断加强既有乡风文明载体建设，激发当地群众文明实践活力。

二是探索"农村文化+新时代文明实践阵地"等公共文化服务供给模式，不断打造乡风文明建设的新载体、新形式，满足农村群众的日益增长的多元文化需求。

三是将乡风文明建设同特色文化产业发展、农村人居环境整治、"乡村振兴巾帼行动"相结合，形成生态旅游、民俗传承、榜样示范合力带动乡风文明的文明实践新格局。

（六）坚持多措并举，发展壮大农村集体经济

通榆将发展壮大县域所有村落的集体经济作为衔接过渡期的核心目标。

首先，从土地清理整治入手，一方面通过农村集体"三资"清理核查、盘活村集体资产存量，另一方面通过农村集体产权制度改革实现村集体经济的成员确权、资产清核与管理规范，在壮大村集体经济实力和健全村落治理体系的同时，有效推动村集体经济运营的规范化、制度化。

其次，充分发挥县一级在项目管理和资源统筹方面的作用，在"村事县管"模式下，通过乡村产业服务中心和乡村产业有限责任公司推动各村集体经济的合作化经营，有效破解了村集体经济发展过程中资源散、体量小、能力弱、规划乱的瓶颈，实现了基于村集体经济联合而获得的规模效应与集聚效应。

最后，在逐步壮大村集体经济的基础上，通榆还进一步强化其社区服务功能，提升村社组织自主服务的能力和水平，激活农民对村庄公共事物和乡村治理的参与热情。

（七）推动政社协同，营造社会政策共同体

通榆将做好医疗、教育、住房、兜底保障等方面社会政策的衔接，视为巩固拓展脱贫攻坚成果的基础依托和底线保障。通过进一步完善"政社联动"的社会政策体系，通榆初步形成了政府主导制度保障、村落强化自我保障、社会参与多元保障的社会政策共同体。

通榆在以下四个社会政策领域做好衔接工作：一是建构了以县—乡—村纵向联动、多部门横向协同推进、分类监测分级预警为特色的动态全覆盖的防返贫监测体系；二是以防止返贫为导向，将主动排查贫困边缘户和强化"一事一议"临时救助相结合，着力健全健康医疗保障体系；三是通过进一步提升农村低保和特困人员供养标准、加强对特殊群体社会生活与精神生活需求满足方面的服务、增强临时救助制度的可及性和实效性，完善特殊人群兜底保障体系；四是采用加强村落自助、实施收入豁免、增加公益岗位、动员社会力量等方式构筑立体叠加式保障体系。

三、经验启示

（一）坚持以习近平新时代中国特色社会主义思想作为有效衔接工作的根本遵循

通榆县进入衔接过渡期后，系统总结脱贫摘帽有效经验，继续坚持在习近平总书记的重要思想、重要论述、重要指示中寻找做好有效衔接工作的方向、理念、思路、灵感，努力把总书记关于"三农"工作重要论述和考察吉林重要讲话指示精神转化为推进通榆乡村全面振兴的强大动力。

（二）坚持以创新发展思维发掘、利用、转化县域资源优势

一是以创新发展推动资源利用方式发生转型升级，将县域资源优势纳入中长期产业发展规划和乡村全面振兴的总体布局中考量，将提高资源利用效率和打造全产业链体系相结合，将不断深挖资源优势和盘活运营村集体经济相结合，形成创新驱动、优势叠加的发展效应；二是以创新发展推动定点帮扶模式深化拓展，将定点帮扶机构的科研能力转化为资源优势和创新路径，将定点帮扶机制转换为科技与农业的融合平台，通过把科技优势和科技创新纳入县域农业农村现代化的梯次部署中通盘谋划，催生农业发展的新动能、新业态。

（三）坚持以凝聚优势资源深化改革创新，破解实现有效衔接的体制机制瓶颈

以集中优势资源为导向，进一步深化改革创新，不断突破既有体制机制藩篱，实现制度模式和治理体系的不断变革、完善与创新。在衔接期，通榆提高小农经营水平与发展农村集体经济主要遵循三方面的准则：一是正确处理好发展适度规模经营和农村分散经营的关系，建立小农户与龙头企业、各村集体经济之间利益稳定、分配均衡的共同发展机制；二是充分凝聚县域各方面资源优势，以土地资源优势和特色种植优势相融合增加特色农作物产量，以村集体经济资源优势的共同开发利用催生集聚效应、溢出效应；三是充分发挥县一级统筹谋划和资源调配功能，以改革创新不断打破掣肘加速农业农村发展的体制机制障碍，为资源要素的激活、聚集与优化提供制度创新保障。

（四）坚持以整体性治理推动扶贫系统重组转换为乡村振兴系统

为了确保这些体制机制过渡的连续性、稳定性与协调性，通榆采用了构建一大"作战系统"、确立一种"研商机制"、制定一套"规划方案"、建立一个"例会制度"、形成一种"督导机制"的"五个一"的工作模式来强力推进。在充分借鉴原有工作体系、包保体系、考核评价体系以及整体性治理模式的基础上，变创新驱动与县域实际相结合的减贫发展模式为发掘县域资源优势与激活内生发展动力相融合的县域衔接模式，以谋求在质量更高、效益更好、结构更优、优势充分释放的发展新路上实现新突破。

从脱贫攻坚向全面小康与全域乡村振兴迈进
——云南省鹤庆县的创新实践

摘要： 鹤庆县位于云南省西北部，是一个集"老、少、边、穷、山"等典型特征的贫困县。脱贫攻坚取得全面胜利以后，鹤庆县持续推进巩固拓展脱贫攻坚成果同乡村振兴有效衔接，形成了"党建引领提升组织力、产业融合提升动力、民族团结形成合力、帮扶协作聚合外力、特色文化彰显活力"的基本经验，走出了一条从脱贫攻坚向全面小康与全域乡村振兴迈进的成功实践之路。

关键词： 党建引领　产业融合　民族团结

一、背景情况

鹤庆县位于云南省西北部，全县国土面积2395平方千米，辖7镇2乡，居住着白、汉、彝、傈僳、苗、壮、纳西等25个民族。2020年年末，全县总人口28.19万人，其中白族人口占总人口的59.34%。2012年，鹤庆县被国务院扶贫开发领导小组列入《国家扶贫开发工作重点县名单》，是全国832个、云南省88个贫困县之一，也是全国14个集中连片特困地区内县。在脱贫攻坚工作中，鹤庆县凝结出"超前谋划、统筹兼顾、齐心合力、勇于担当"的鹤庆扶贫精神。2017年，鹤庆县提前实现贫困县"摘帽"。2016—2019年省脱贫攻坚成效考核连续四年为"好"，高质量通过了2020年国家脱贫攻坚普查。

脱贫攻坚取得全面胜利后，鹤庆县深入贯彻落实党中央、国务院以及云南省、大理州党委关于实现巩固拓展脱贫攻坚成果同乡村振兴有效衔接的重大决策部署，依照习近平总书记给云南提出的"一个跨越""三个定位""五个着力"的要求，将巩固拓展脱贫攻坚成果与乡村振兴有效衔接工作放在突出位置，创新探索边疆民族地区和欠发达地区巩固拓展脱贫攻坚成果与乡村振兴有效衔接的县域实践路径。

二、主要做法

在推进巩固拓展脱贫攻坚成果同乡村振兴有效衔接具体工作中，鹤庆县形成了一条"党建引领、产业融合、民族团结、帮扶协作、特色文化"全面发展的实践道路。

（一）党建引领提升组织力

第一，抓党建促脱贫攻坚成果的巩固拓展。一是强化党建，责任层层落实。具体包括落实"一把手"责任制；全面压实县级领导、县级行业部门、乡镇、村组干部和驻村工作队、帮扶责任人6支队伍的主体责任；加强村级党组织建设；加强督导检查等。二是党员干部齐上阵，动态监测全覆盖。鹤庆县在推进"一平台"建设中充分考虑到鹤庆实际，将党员干部全部动员起来，发挥党的组织能力，切实做到动态监测全覆盖。三是党建引领、多方联动，精准帮扶全覆盖。鹤庆县按照摘帽不摘责任、不摘政策、不摘帮扶、不摘监管的"四不摘"原则，形成"监测+帮扶"的返贫防控长效机制，推行"党组织+"的模式，以党建引领，多方联动，切实做到了精准帮扶全覆盖。

第二，党建引领脱贫攻坚成果巩固同乡村振兴衔接推进。一是党建引领组织振兴。通过实施基层党建提升年行动，围绕强优势、全覆盖、上台阶的任务目标，持续整顿软弱涣散党组织，有序推进党支部标准化规范化建设，全面建设巩固拓展脱贫攻坚成果同乡村振兴有效衔接的战斗堡垒。二是党建引领产业增效。坚持在产业链上建强党组织，通过不断优化"党支部+合作社+贫困户""公司+基地+农户"等扶贫模式，形成"一村一品"产业培植模式。三是党建引领文化繁荣。充分发挥基层党组织在繁荣农村文化的引领作用，因地制宜打造特色文化，包括村级组织活动场所、农家书屋、党员干部教育基地等。四是党建引领生态改善。

（二）产业融合提升动力

一是精准把握衔接点，保障产业衔接耦合力。第一，精准把握衔接点。将在脱贫攻坚中发挥良好作用的扶贫产业纳入到乡村产业振兴规划或实施方案中，衔接好土地利用、产业结构调整、生态环境保护规划、城乡建设规划等专业规划，并与当地主导产业规划、乡村发展规划等有机结合。第二，做好产业政策衔接。系统地对现有产业扶贫政策进行全面梳理和科学评估，探索将现行产业扶贫政策转化为促进乡村产业振兴的政策条件。

二是突出产业选择"优特土",加强产业发展联动力。鹤庆县形成了一产壮特扩面增效、二产新型绿色升级、三产融合提质富民的产业富县新路子,为巩固拓展脱贫攻坚成果与乡村振兴衔接提供强劲动力。

三是谋划产业精准图,提升空间结构优化力。其一,强化县域统筹。按照"一坝、两屏、一带"的生态空间布局和"一核驱动、两轴带动、三极联动"的发展空间布局,在继续发展老产业的同时,积极探索适合本地发展的新产业、新项目。其二,推进镇域产业集聚。充分发挥镇(乡)上联县、下联村的纽带作用,支持有条件的地方建设以镇(乡)所在地为中心的产业集群。其三,优先支持重点贫困村镇产业发展。明确一批乡村振兴重点帮扶村,从财政、金融、土地、人才、基础设施建设、公共服务等方面给予集中支持,增强重点帮扶村的发展能力。其四,开展帮扶村、示范村建设。

四是提升产业融合度,增强产业聚合力。其一,加快农业产业发展综合提升,坚持"多业并举、多点开花、多元发展"思路,初步形成"龙头带基地、基地带农户"的农业产业发展新格局。其二,推进重大项目引领,中小项目协同推进。其三,加强产业项目建设,即加强项目库建设、抓实项目工程建设。其四,建立"双绑"利益联结机制。壮大新型经营主体培育力度,推行"大产业+新主体+新平台"的发展模式,建立贫困户与新型经营主体稳定、紧密的产业发展利益联结机制。其五,立足生产实际探索帮扶模式。

五是推进基础建设为重点，提升产业发展支撑力。第一，着力推进交通基础设施建设，成功创建"四好农村路"全国示范县，交通通行环境得到了明显改善。第二，着力推进能源电力设施建设，全面完成小城镇、中心村农村电网升级改造，加大农村电网改造升级力度，提升农村供电服务质量，解决偏远地区用电困难问题。第三，着力推进通信设施建设。实现所有行政村通宽带通光纤、4G信号100%覆盖，自然村4G高速移动通信网络覆盖率达97%以上。第四，大力推进水利工程建设，完成"五大片区"人饮工程惠民生。

六是坚持绿色兴农为核心，增强产业发展持续力。坚持扶贫开发与生态保护相衔接。坚持绿色减贫理念，正确处理经济发展与环境保护的关系，培育良好的生态环境，营造良好的发展环境，将绿水青山转化为金山银山，牢固树立"绿水青山就是金山银山"理念，坚持生态优先、绿色发展，稳步提升生态保护、生态治理、生态产业等生态帮扶工程。

（三）民族团结形成合力

鹤庆县坚持把习近平总书记系列讲话精神作为抓好民族工作的根本遵循，在经济、民生、文化、生态等方面促进各民族交往交流交融。各族人民"感党恩、听党话、跟党走"，描绘了一幅幅各民族共同团结奋斗的生动画卷、谱写了一曲曲共同繁荣发展的时代赞歌，民族团结进步成为经济发展的最美旋律。

随着中华民族共同体意识不断增强，为进一步凝聚各民族共建共享美好家园的共识，鹤庆县整合资源力量，统筹推进民族团结进步与乡村振兴示范村建设。同时，为了增进文化认同，构建共有精神家园，深入践行社会主义核心价值观。鹤庆县广泛开展爱国主义教育和民族团结进步、铸牢中华民族共同体意识宣传教育，大力实施民族文化保护传承工程、少数民族文化精品工程和民族文化"双百工程"，形成了巩固脱贫攻坚成果同乡村振兴有效衔接的巨大合力。

（四）东西协作聚合外力

一是中鹤联手谋振兴，中船集团通过定期选派挂职干部、充实扶贫工作力量，建立互访机制，推动扶贫项目落地，加强教育培训，提升扶贫干部能力；聚焦短板弱项，巩固脱贫攻坚成果，助力饮水工程，解千年饮水难题，实施农户土鸡代养，助力农户增收，开展教育扶贫，助力教育拔穷根。二是沪滇携手补短板，坚持"浦东所能、鹤庆所需"的原则，以产业合作、劳务协作、人才支援、资金支持等为协作重点，不断完善协作机制，创新协作举措，拓宽协作领域，巩固协作成果，东西部协作工作取得显著成效。在协作上加强组织领导，深化沪滇协作；抓实帮扶项目，切实提高帮扶成效；聚焦产业扶贫，巩固拓展脱贫攻坚成果；整合资源，打造医疗帮扶特色。

（五）特色文化彰显活力

其一，扎进文化之"根"铸牢文化之"魂"。文化是乡村振兴的灵魂，也是乡村振兴彰显地域性和文化性双重价值的重要资源。乡村文化振兴是乡村振兴战略布局中的重要一环。鹤庆县积极探索乡风文明的新思路、新举措以及长效机制，统筹推进乡村治理，持续提升乡村的"颜值"和内涵，让乡风文明的种子落地生根，以乡风文明之"魂"筑牢乡村振兴之"基"，全面打造乡风文明新农村。

其二，打造各具特色的现代版"富春山居图"。鹤庆县委、县政府紧紧围绕"文化兴县"发展战略，充分挖掘独有的自然生态资源和民族文化资源，弘扬民族文化，丰富群众文化活动，繁荣文艺创作，积极培育民族文化生态旅游业，促进民族文化发展，全县文化产业健康发展，产业培植初见规模。一是打基础，满足广大人民群众精神文化需求；二是抓试点，着力促进农旅文各产业融合发展；三是兴文艺，着力推进文艺事业繁荣发展；四是抓创建，着力提升乡村文明程度；五是鹤庆充分挖掘民族特色文化内涵，用文化元素包装、提升旅游产品的品位和档次，增强旅游市场的吸引力，用旅游产业形成的市场，搭建文化产业发展平台，实现文化与旅游融合发展，共生共荣。

三、经验启示

（一）壮大村集体经济，增强产业溢贫普惠力

第一，加强组织建设，提高村级集体经济发展活力。统筹资

源,选派第一书记,压实责任,发挥监督作用,聚力发展。第二,发展壮大村级集体经济应因地制宜。从实际出发,采取多种形式,立足优势,选准路子,引导各村立足本土资源发展村级集体经济。第三,发展壮大村级集体经济,应选好带头人。认真选优配强党支部一班人,特别是村党支部书记;抓好农村干部的培养教育;实现农村党员培养与产业发展带头人优势互补。第四,发展壮大村级集体经济,应加强农村集体资产管理。

(二)民族团结进步创建与乡村振兴同步同行

一是民族地区要赋予"改善民生凝聚人心"的意义。民族地区只有坚持以人民为中心的发展思想,把群众当亲人、把群众的事当自己家里的事来办,才能形成人心凝聚、团结奋进的强大精神纽带,不断开创乡村振兴新局面,谱写乡村振兴新篇章。二是"持续输血"与"精准造血"相结合。国家的帮助和发达地区的支援是基本保障,但民族地区的自力更生、"精准造血"才是长久之计。三是民族地区需要"心中有民"的好干部。民族地区的干部要始终践行全心全意为人民服务的根本宗旨,坚持以人民为中心,树立真挚的为民情怀,不断增强各族群众的获得感、幸福感和安全感。四是积极营造乡村团结和谐新风尚。民族地区要充分利用乡村文化站、农家书屋、文化广场、道德大讲堂等资源,形成乡村振兴的强大精神力量,焕发乡村文明新气象。

（三）帮扶单位的"优"密切对接贫困地区的"实"

其一，坚持实施民生工程与促进民族团结相结合。以促进民族团结为目标大力加强民生工程投入，让各民族的贫困群众切实感受到民族大家庭的温暖，以实际行动践行"不让一个兄弟民族掉队，不让一个贫困地区落伍"的承诺。其二，坚持补短板强弱项与激发内生动力相结合。社会联动扶贫要使扶贫的外力变成贫困群众发展的动力，必须协助地方政府在补齐短板上下功夫，同时只有贫困群众的内生动力被充分激活，乡村的全面发展和振兴才能更好地实现。

（四）拓展文化旅游品牌与产业旅游共融

在文化旅游上，做实、做强文化旅游品牌，增加对游客的吸引和用户黏性，以实现品牌引领带动；增加项目建设主体的引进；补齐发展短板，完善旅游相关配套设施。在产旅共融上，以"+旅游"与"旅游+"形成产业融合联动，促进一产、二产、三产的融合发展。将旅游产业的发展与精准扶贫、脱贫攻坚深度结合起来，调动全民积极性，促进公众参与，投身旅游开发建设中。

巩固拓展脱贫攻坚成果同乡村振兴有效衔接
——陕西省千阳县打出"组合拳"

摘要： 脱贫攻坚全面收官后，陕西省千阳县全面部署巩固脱贫攻坚成果与乡村振兴有效衔接的系列工作。千阳县依托"1+4+5"组织结构、"专项行动"方案、"项目超市"平台、"星级管理"模式、"因村派人"机制，推动工作体系、发展规划、项目建设、特色方法和人才队伍的有效衔接。通过聚焦党建引领、特色产业、生态优势、文化资源和人才培养，推动千阳乡村转向政府、市场、社会协同发展，实现以农民为主体的共同发展和高质量振兴。

关键词： 项目超市　星级管理　协同发展

一、背景情况

千阳县位于陕西西部，地处渭北旱塬丘陵沟壑区。全县土地总面积996.46平方千米，境内辖7镇65个行政村，总人口13.4万人，其中农业人口11.1万人。2015年全县建档立卡贫困村76个、贫困人口8080户2.56万人，贫困发生率22.3%。2015年以来，13万千阳人民坚持习近平总书记精准扶贫、精准脱贫的基本方略，取得陕西省脱贫攻坚成效考核唯一一个连续五年优秀的成绩。在党的领导下，2019年5月7日，陕西省人民政府发布公告，正式宣布千阳县退出贫困县序列。脱贫后的千阳县继续真抓实干，在队伍建设、政策稳定、帮扶连续、力度不减上下大功夫，促进巩固拓展脱贫攻坚成果取得新进展。

千阳县坚持把巩固拓展脱贫攻坚成果、防止规模性返贫作为底线任务，稳妥推进与乡村振兴机构、机制、队伍、思路、规划等方面衔接。通过建立"1+4+5"组织结构、制定"专项行动"方案、依托"项目超市"平台、推进"星级管理"模式、建立"因村派人"机制，实现巩固拓展脱贫攻坚成果与乡村振兴工作体系、发展规划、项目建设、特色方法和人才队伍的有效衔接，使得人民群众生活水平实现大幅度提高、产业质量效益和集体经济不断增强、基础设施和公共服务得到全面改善、精神文明和生态文明建设纵深发展和基层组织建设和治理能力显著提升。

二、主要做法

千阳县只争朝夕、抓早动快、打出一套巩固拓展脱贫攻坚成果同乡村振兴有效衔接的"组合拳"，稳住巩固拓展"基本盘"，下好了乡村振兴"先手棋"，奋力建设幸福新千阳。

（一）建立"1+4+5"组织结构，做好工作体系衔接

为进一步推进巩固拓展脱贫攻坚成果与乡村振兴的有效衔接，千阳县多次围绕全面推进乡村振兴的抓手载体、重点任务、机构设置、干部选派等问题召开专题研讨会，印发《关于成立千阳县乡村

振兴领导小组的通知》，从行政体制层面组建形成了统一指挥、各负其责、齐抓共管、高效运转的组织结构。千阳县乡村振兴组织体系从上至下分为两个层级，分别为"1"个领导小组、"4"个专管办公室和"5"个专项工作组，可以概括为"1+4+5"组织结构，有力地推动和理顺了脱贫攻坚与乡村振兴工作体系的衔接。

领导小组由县主要领导同志牵头，专门负责统筹推进全县巩固拓展脱贫攻坚成果与乡村振兴相关工作，发挥着重要的统一指挥作用。

领导小组下设"4"个专管办公室，分别为乡村振兴工作领导小组办公室、巩固拓展脱贫成果办公室、乡村振兴政策研究办公室、乡村振兴干部管理办公室，分工明确、各司其职，充分保证了乡村振兴工作的开展。

围绕"五个振兴"，千阳县乡村振兴领导小组成立了产业振兴、人才振兴、文化振兴、生态振兴、组织振兴"5"个专项工作组齐抓并进，全面负责五大领域规划编制、任务分解、整体推进、督促检查、总结宣传等工作，保证所有工作能高标准定位、高效率起步、高质量推进。

（二）制定"专项行动"方案，做好发展规划衔接

乡村振兴是一项系统工程，点多面广，必须找准找实具体抓手，才能一子落而全局活。为了细化工作任务、全面推进乡村振兴工作，千阳县坚持打造示范与整体推进相结合、尽力而为与量力而行相结合、借力发力与积极探索相结合，制定《乡村振兴工作五年

行动方案》，提出"十大行动""五大探索""五项创建"任务，努力走出一条符合千阳实情、农村实际的乡村振兴之路。

"十大行动"包括乡村振兴规划编制行动、强企兴村行动、特色产业集群打造行动、农民收入倍增行动、农旅融合发展行动、乡村人才振兴行动、农村人居环境整治提升行动、乡风文明行动、农村基础设施改造提升行动、乡村品牌培育行动。从产业、人才、环境、文化等方面共同推进，以期有效巩固提升脱贫质量。

为化解农村发展中的突出问题，千阳县坚持问题导向积极进行"五大探索"，分别为探索农村土地托管的有效途径、探索农村闲置宅基地盘活的有效途径、探索农村康养产业发展的有效模式、探索老旧村庄（自然村）生态修复的有效途径和探索农村养老和留守儿童服务的有效模式，从群众之所急、发展之所需出发，切实保障群众切身利益，有效提高资源利用。

为促进农业农村现代化、推进农村内涵式发展，千阳县实施创建全国现代种业制种基地、创建乡村治理示范村、创建新时代文明实践示范村、创建乡村振兴五星村、创建农业现代化示范区等"五项创建"，以期引领传统农业产业改造升级、加快农业发展方式转变、提升农业现代化水平，实现乡村治理能力和治理水平的现代化。

（三）依托"项目超市"平台，做好项目建设衔接

2016年以来千阳县采取"多向汇集建超市、四批认领促落实、各方联动保实效"的办法，创新建立县、镇、村三级"项目超市"，

在进村入户、全面走访的基础上摸清群众的实际状况和现实需求形成问题清单,把贫困群众千差万别的实际需求物化为一个个到村到户到人的具体项目,并纳入"超市"中当作"商品"一样陈列出来。所有项目最终由县上"联网发布",镇上"汇总建台账",村上"上墙公示",建成县、镇、村三级扶贫平台,一户一策,因人施策,以确保项目的精准落地。村民何炳强家就通过"项目超市"得到了明显的受益。针对他因缺资金致贫的特点,宝丰村细分产业、教育、就业、生态、健康扶贫5大类对他进行精准帮扶,经过个人奋斗和集体帮扶,何炳强家在各方面都实现了增收,改善了自身的生活条件。

"项目超市"建好后,千阳县主要采取四批认领的方式,即个人根据自身实际选领一批,动员帮扶单位及帮扶干部主动认领一批,倡导社会力量支持帮扶一批,县、镇两级兜底一批的办法组织各方力量进入超市"购买商品",实现了需求与供给的精准有效对接,走出了一条以"精准"为特色的帮扶路子,让扶贫工作变得更加可视化、规范化、精细化。在具体项目全部实现认领后,千阳县按照"责任明晰、运行规范、公开透明、常态管理"的要求成立4个专项督查组,通过部门联动、动态追踪、信息公开、督查问责等方式,把项目认领、实施情况纳入重点督查考核内容,通报督查结果,有奖有罚,使认领单位和个人都有压力、有动力,有追责问效的依据,确保"超市"里的项目有序实施、落地见效,实现"四个精准"。

（四）推进"星级管理"模式，做好特色方法衔接

为巩固脱贫攻坚成果，统筹推进农村党的建设、经济建设、政治建设、文化建设、社会建设、生态文明建设，加快推进乡村治理体系和治理能力现代化，千阳县以行政村星级创建为抓手，按照乡村振兴中产业兴旺、生态宜居、乡风文明、治理有效、生活富裕的总要求，注重政策举措的系统性、整体性和协同性，依据"全域推进、星级创建、整合资源、打造品牌"的思路制定出台《千阳县乡村振兴行政村星级管理实施意见》，科学设置5个方面20项指标，划分一星、二星、三星、四星、五星五个等次，将全县65个行政村全部纳入星级管理，一年一考核，一年一授牌，激励先进、带动后进，努力营造"追赶超越"的良好氛围，促进农村工作向纵深发展，提升新农村建设水平，促进农村经济社会协调发展，并力求让发展成果惠及所有镇村及农村人口。

作为"三农"领域的持久战和总决战，乡村振兴具有渐进性和长期性的鲜明特征。千阳县准确把握发展的客观规律，坚持目标导向和过程导向探索行政村"星级管理"的特色模式，体现出鲜明的长期性、衔接性、渐进性、上升性的特点，厘清了乡村发展的目标任务，指引乡村振兴的有效、有序推进。

（五）建立"因村派人"机制，做好人才队伍衔接

为提高帮扶的精准度，关键要把好工作队员的"选派关"。驻村干部既是中央政策的落点，也是巩固脱贫攻坚成果、有效衔接乡

村振兴的支点，是联通上下的中坚力量。为适应乡村振兴战略对农村基层治理提出的更高的要求，千阳县按照好中选优、优中选强、强中选精原则通过个人申请、组织审查、竞争上岗的流程，从各级机关和企事业单位中选派具有较强社会责任感和政治抱负的优秀党员干部、后备干部作为第一书记，鼓励优秀年轻干部投身乡村振兴一线，实现第一书记、驻村工作队全覆盖。帮扶干部也主动将专业特长应用于工作实践中，积极助推乡村发展。

同时，为加强驻村干部的日常管理与考核，千阳县抽调精干力量，组建专门班子，具体负责干部的日常管理、选派调整、教育培训、考核奖惩等工作。按照"精准为先、量化积分、分类考核、奖罚清晰"的思路，实行干部量化积分管理，让干好干坏不一样。在实行量化积分管理的基础上，千阳县建立日常管理、检查评估、结果公示"三位一体"分层管理体系，先后出台《村党组织第一书记和驻村工作组成员履职尽责"八条规定"》《千阳县乡村振兴驻村第一书记、工作队员奖励激励措施》等配套机制，依托"2+4"大督查体系，两办督查室、县纪委、审计局等专项工作组负责各类检查评估加减分管理，激励驻村干部在乡村振兴一线干事创业，奋发有为。

三、经验启示

（一）聚焦党建引领，提升基层治理服务水平

一是县、镇、村三级党组织共同发力建设。在"3578"模式指

引下，千阳县推进县、镇、村三级党的组织标准化建设，在党组织的领导下，政府、市场、社会共同发力。二是选优配强乡村振兴基层领导班子。2021年千阳县持续深化帮扶机制，实行派出单位和帮扶村项目、资金、责任"三个捆绑"。三是巩固提升"项目超市"平台建设。千阳县继续把贫困村和贫困群众的发展需求物化为具体项目，进入超市成为"商品"，组织各方扶贫力量结合各自实际认领项目。

（二）聚焦特色产业，推动全县域高质量发展

一是做大做强主导型产业。千阳县做强苹果、奶山羊、中蜂三大主导产业，畅通"产业直补激励、新型经营主体带动、村集体经济驱动、能人大户引领"四条途径。二是持续壮大村集体经济。千阳县按照"整合扶贫资金、实行集体控股、搭载项目推进、强化村级管理"的思路，实现集体经济组织全覆盖。三是促进各产业改造升级。千阳县大力推进土地入股、产业招工、物流包装、文化旅游等工作，把农民嵌在产业链上。

（三）聚焦生态优势，打造美丽宜居乡村环境

一是加强农业面源污染防治。千阳县科学划定生产区域，建立保护性耕作示范区，保障农业生产和人居安全。二是推动生态环境持续优化。千阳县树立大生态理念，推进产业结构优化升级，改造传统产业，促进节能降耗。三是深化乡村人居环境整治。千阳县聚力实施"百村示范、千村推进"工程，推进垃圾革命、厕所革命、庭院革命和污水革命，使农村环境发生显著变化。

（四）聚焦文化资源，焕发乡村崭新文明气象

一是深化乡村精神文明建设。千阳县一方面整合多方资源，继续践行脱贫攻坚精神，打造专业化文明实践主力军，另一方面精心策划品牌活动项目，实施文明志愿活动。二是打造乡村特色文化品牌。通过"本地＋东西部协作"的模式，千阳县全力打造"刺绣之乡 古韵千阳"文旅品牌。三是开展星级文明创评活动。千阳县健全村规民约，组织开展"十星级文明户"创评活动，实行一季度一评比，一年一挂牌。

（五）聚焦人才培养，外引内育构筑乡村智库

一是吸引留住外来人才。千阳编制重点领域、重点行业人才需求清单，分步骤引进一批有文化、懂技术、善管理的行业紧缺人才。二是大力培育本土人才。千阳县以田间大学为依托，突出苹果、奶畜、劳务技能等三大板块，全面吸引村民提升职业技能。三是搭建人才服务平台。实施技术人才下沉、村干定制培养、干部人才驻村行动，定期在医疗、农业、水利等方面开展对接帮扶、技术帮带。

迈向共同富裕之路
——甘肃省东乡县脱贫攻坚和乡村振兴案例报告

摘要： 东乡县在走向共同富裕的路上，坚持点线面结合深度跟踪、分步有序防止返贫、党建引领乡村建设、促进民族团结一心、激发妇女内生动力、变革群众思想观念等方式。不仅巩固了脱贫攻坚成果，而且在实现了民族团结的基础上，有效盘活了乡村人力资源，激发了乡村发展的内生动力。为巩固拓展脱贫攻坚成果同乡村振兴有效衔接以及全面推进乡村振兴奠定了坚实的基础。

关键词： 点面结合　党建引领　共同富裕

一、背景情况

东乡素有"临夏之东，魅力之乡"之称，然而特殊的地理条件，让东乡成为一条"难缚的苍龙"。站在东乡县主峰海拔2539米的最高峰董岭，向下俯瞰，境内群山起伏，沟壑纵横。县境呈方圆形，四周环水，中间高突，因此境内常年缺水，植被稀疏，十年九旱，地质条件复杂，自然环境严酷。在这由大大小小1750条梁峁和3083条沟壑构成的千沟万壑中放眼望去，湿陷性黄土形成的沟壑仿佛隔开了东乡县与外面的世界，把它切割成了一座贫困的孤岛。

2013年东乡县全县核定贫困人口10.91万人、贫困发生率高达38.69%，2017年甘肃省在东乡县确定2个深度贫困乡镇、159个贫困村，其中深度贫困村133个。2019年，东乡县贫困人口从2013年的10.91万人下降到1.28万人、累计减贫9.63万人，退出贫困村114个，贫困发生率下降34.44个百分点。2020年，全县剩余2567户12933建档立卡贫困人口全部达到脱贫标准，剩余45个贫困村全部达到退出标准。11月21日，东乡县正式宣布脱贫摘帽，2.75万户15.2万贫困人口全部脱贫，159个贫困村全部退出，贫困发生率由2013年的38.69%降低为0，贫困村退出率达到100%，啃下了最后的"硬骨头"。至此，困扰东乡县千百年的贫困问题得到历史性解决，给人民、给党、给中国脱贫攻坚事业交上了一份经得起人民和历史检验的优异答卷。

二、主要做法

经过不懈努力，东乡县走出了贫困，创造了甘肃乃至全国脱贫攻坚的"东乡样本"。但是东乡县并没有为此而止步，进一步在跑好脱贫攻坚与乡村振兴"接力赛"、接续推进脱贫地区发展和群众生活改善等方面形成了系列有效做法。

（一）解剖麻雀，点面结合深度跟踪

东乡县为巩固脱贫攻坚卓越成果，落实同乡村振兴有效衔接，

从整体出发，全覆盖包抓不留空档；立体化跟进，重监测结果逐户会诊；分步骤培育，产业融合全程推进。一方面，把脉全局，全覆盖式"过筛子"。从 2020 年开始，东乡县就建立起全覆盖信息化防贫监测体系并对全县 6.38 万农户建立了包含家庭人口、就业、产业、培训、就学、就医等户情台账。2021 年起，东乡将原有户情台账升级为电子化信息系统，将其与手机 APP 绑定，通过帮扶干部入户现场采集、手机录入、数据传输的方式，实时监测农户"两不愁三保障"巩固拓展及产业就业等信息变化情况。另一方面，分项会诊，逐项逐户"找症结"。从 2020 年 5 月第一次调度会以来，坚持每周一晒，由包乡县级干部、"大村长"分别主持召开调度会议。通过开展每周一次的调度会议，各个行业部门紧扣村、户退出验收指标，围绕村卫生室达标、合作社规范运行、村集体经济收入和群众收入达标、住房安全、上学、就医等短板弱项进行深入分析，逐项逐户提出具体解决措施。

（二）协同发力，分步有序防止返贫

东乡县作为全国脱贫攻坚时期的聚焦关注点，十分明确巩固脱贫攻坚成果的重要性，在巩固脱贫成果，防止返贫这方面切实做到了秩序与特色兼具。一是优化"三长"责任制[①]，健全农村常态化帮

[①] "三长"责任制最初是东乡在脱贫攻坚时期创新建立的帮扶工作机制。它建立了全新基层管理体系，通过实行双线管理机制，将东乡政府部门所有干部全部下沉两级，建立村长、社长、联户长"三长"责任制，抽调全县 1800 多名县直机关单位干部充实到各乡镇驻村包社联户，进一步靠实了各级攻坚责任，确保全面打赢打好脱贫攻坚战。

扶。东乡致力于脱贫攻坚与乡村振兴的有效衔接，继续沿用脱贫攻坚期"三长"责任制的原有责任体系，并聚焦基层帮扶的优越性，持续推进"三长"责任制将优化进步。二是"1+5+8"分批推进，提升重点地区发展水平。东乡政府由点至面，注重思路引领，从规划编制、产业打造、基础设施、人才培养等方面入手，集中资源力量，精准谋划发力，以点带面推进乡村振兴，分步有序实施乡村振兴战略。三是以"东乡三宝"①稳增收，形成巩固拓展长效机制。东乡县帮扶落地一批实际性的帮扶项目，投资建设了东乡羊繁育基地、马铃薯机械化种植、东乡刺绣综合枢纽，助推了东乡县乡村的发展。四是"三种模式＋十大工程"，聚焦五大振兴目标。东乡县政府初步建立了三种乡村振兴模式②，并将其运用到不同乡村。同时，统筹安排、强力推进"风险监测防范""产业扩面增效""县域经济蓄能""人才培养引进""教育提质树优""文化铸魂引领""环境形象优化""生态保护治理""乡村建设提升""组织示范引领"十大工程。

（三）党建引领，各级党委"凝力量"

东乡县将"抓党建就是最大的政绩工程"和"抓扶贫就是最大的民生工程"二者深度融合，主动作为。一方面，以党建为抓手，探索"党建＋"工作模式。按照党建抓书记、书记抓产业、产业抓

---

① 东乡羊、东乡马铃薯、东乡刺绣，被誉为"东乡三宝"，成为当代东乡人致富的新模式。

② 三种乡村振兴模式，即产业融合型、生态宜居型、整合提升型振兴模式。

链条、链条抓增收，增收靠支部的"四抓一靠"工作思路，紧盯农村党建薄弱环节，以党支部标准化建设为抓手，探索出了"党支部＋合作社＋贫困户""党组织＋贫困村＋贫困户"等"党建＋N"工作模式。通过抓带头人队伍建设、抓阵地建设、抓党内政治生活、抓基础保障，用坚实的制度来不断夯实脱贫攻坚成果。另一方面，支部引路，促进产业提档升级。党委通过走支部引路、能人引办、群众参与的发展路子，精准发力，培育新的产业，带动已有产业结构调整升级。"有条件要上，没有条件创造条件也要上"是东乡每一位党员的信念，"黄沙百战穿金甲，不破楼兰终不还"是他们的决心。

（四）团结一心，固牢社会"稳定器"

东乡县境内居住有东乡族、回族、保安族等7个少数民族，紧紧围绕"中华民族一家亲、同心共筑中国梦"的总目标，把民族团结进步创建工作作为实现跨越式发展、巩固脱贫攻坚成果、实现乡村振兴的基础性工程来推进。一是整体谋划，探索建立了民族工作联合执法机制。东乡县坚持民族领域重大事项及时向领导小组报告，领导小组定期听取民族工作汇报，把民族工作与其他工作同部署、同研究，注重整体谋划。同时，在全县乡村统战民族宗教工作三级联动工作网络基础上，探索建立了民族工作联合执法机制。二是从干部抓起，强化思想认识。通过举办民族团结进步宣传月等活动，深入宣传了党的民族宗教政策、法律法规知识，在全县范围内掀起了民族团结进步宣传教育热潮，推动党的民族宗教政策和法律法规得到全面贯彻落实。三是长远规划，增强群众基础。东乡县从"一个民族都不能少"的政治高度，把改善民生、优化环境、提升群众幸福指数、构建和谐社会放在重要位置，高起点谋划，高标准建设、高水准开发、高质量发展，极大地凝聚了全县上下、各民族的信心和斗志。

（五）提升能力，激发妇女内生动力

在东乡实现脱贫攻坚迈向乡村振兴的进程中，千百年来命运笼罩在贫困阴影下的农村妇女，摆脱了贫苦的宿命，受教育意识不断增强，文化水平和职业技能日益提高，实现了女性的觉醒。

一方面，转变思想观念，释放"她力量"。扶贫要先扶智，受千年来的老旧思想影响，东乡县部分妇女自我发展内生动力不足，存在"等靠要"思想的现状，因此东乡干部们百力齐出，将扶贫与扶智、扶志相结合，鼓励和带领妇女走出家门，改变思想观念，提高认识，用眼用心，了解外面的世界。扶贫车间的到来、政策的宣讲，让她们离开了锅台、羊圈和自家小院，主动走进了车间，脱下了陈旧的农装，换上了崭新的工人服，当起了产业工人。改变了以往"不敢出门、不能出门、出不了门"的状态，思想观念获得了新解放。另一方面，提供技能培训，激活人力资本。东乡县结合各村情民愿，制定培训计划，制定了着力培育种植、养殖方面的女能人计划，助推"一乡一业"和"一村一品"发展，在果园镇、达板镇、锁南镇等乡镇持续发展妇女手工编织产业。东乡按照县域特色，发挥女企业家、女能人的传帮带作用，建立起"企业＋产业基地+贫困妇女+市场营销"的扶贫模式,打造出东乡布楞沟油馃馃系列、"女匠十三秀"等巧手品牌。

(六)变革思想,文化活水"拔穷根"

东乡县以培育和践行社会主义核心价值观为根本,以强化思想引领为核心,以立德铸魂为指引,弘扬"敢死拼命、敢打硬仗、能打硬仗、能打胜仗"的东乡精神,光大"感恩奋进、顽强拼搏、自信开放、文明诚信、美丽和谐"的新时代东乡形象,深化群众性精神文明创建活动,不断提升居民文明素质和社会文明程度。一方面,打造和谐家庭,推动文明乡村建设。东乡县积极开展寻找"最美家庭"等活动,通过先进事迹宣讲,教育引导群众从点滴做起。此外,大力推进基本公共文化服务体系建设,抓好图书馆、文化馆、博物馆、电影院等文化场所的建设,实施农村综合文化服务中心工程,提高文化设施的利用率和服务效能。另一方面,发掘优秀传统,增强乡村发展活力。东乡县通过发掘民间传统文化艺术、传统文化人,积极申报非遗项目,发挥文化赋能作用,激发传统文化在乡村建设中的新活力。

三、经验启示

东乡县脱贫攻坚和乡村振兴的巨大成就引起了广泛关注,有许多实践经验值得被借鉴,进一步为国家乡村振兴事业贡献了东乡经验、提供了启示。

（一）精细化治理是巩固拓展脱贫攻坚成果的关键

继承借鉴脱贫攻坚时期形成的良好经验是巩固拓展脱贫攻坚成果阶段必要的手段。脱贫攻坚时期，形成的精准扶贫、精准脱贫的优秀经验在于精细化的治理，而巩固拓展脱贫攻坚成果更加需要精细化治理。东乡县坚持从整体出发、立体化跟进、全覆盖式地通过电子信息筛检农户的信息情况，并对其分析处理，针对每户情况提出具体措施，高效巩固拓展脱贫攻坚成果。

（二）逐步推进是防止返贫的重要方式

坚持秩序与特色兼具，健全农村常态化帮扶，并逐步推进实施是防止返贫的重要方式。在充分考虑不同乡（镇）、村的现实情况下，分批推进、以点带面，提升地区发展水平，有效防止返贫。东乡县通过责任落实、分批推进、产业发展、模式探索、协同发力有效防止返贫的出现。

（三）发挥党建引领的作用是实现共同富裕的秘诀

巩固拓展脱贫攻坚成果以及全面推进乡村振兴，离不开党建工作的有力保障，离不开各级党组织的坚强领导。农村富不富，关键看支部。建强村党支部班子，为巩固拓展脱贫攻坚成果和全面推进乡村振兴提供了政治保障、组织保障。

（四）民族团结一家亲是乡村发展的牢固基石

民族团结是各族人民的生命线。民族地区是我国发展不平衡不充分的突出地区，巩固拓展脱贫攻坚成果以及全面推进乡村振兴贫困治理不仅关乎民族地区的乡村发展，还关乎民族团结和社会稳定。加强民族团结，实现乡村振兴，要努力使民族团结进步事业的成效更好地体现在为各族群众谋利益上，使各族群众深切地感受到民族团结带来的实惠。

（五）提升妇女能力是乡村人力资源盘活的有效举措

发挥乡村妇女建设乡村的积极性是促进乡村人力资源盘活的重要举措。随着城市化的发展，农村人口的大量外流，农村空心化严重。因此，转变农村妇女思想观念、为农村妇女提供技能培育的平台，有助于盘活乡村妇女这一具有极大潜力的乡村人力资源。东乡县通过鼓励和带领妇女走出家门，改变思想观念，学习新技能，激活了乡村人力资本。

（六）变革观念是激发乡村发展内生动力的重要抓手

文化帮扶有助于增强当地群众的文化自信、变革思想观念，提升民族凝聚力，激发群众干事热情。同时，变革思想观念有助于传承发展民族优秀文化、提升对民族优秀传统文化的认识，充分调动各民族群众的积极性、主动性和创造性，激发乡村发展的内生动力。

生态脆弱区的可持续发展
——宁夏盐池县脱贫攻坚过渡期治理的实践启示

摘要：作为以生态脆弱和发展相对滞后为典型特征的西北内陆地区，宁夏盐池县在巩固拓展脱贫攻坚成果同乡村振兴有效衔接的过渡期面临着更为艰难的挑战。通过在压实主体责任、完善帮扶制度政策、系统优化规划方案和方式方法等方面的创新举措，宁夏盐池县的乡村振兴取得了内生动力激发、内外资源整合、产业发展与生态保护和精神文化建设协调推进的良好效果，切实防止了规模返贫，走上了可持续发展道路。

关键词：生态脆弱区　过渡期治理　可持续发展

一、背景情况

盐池县位于宁夏东部的宁、陕、甘、蒙四省交界地带，地势南高北低，属典型中温带大陆性气候。干旱少雨，年均降雨仅约300mm，蒸发量高达2100mm。水资源严重短缺，人均水资源仅为459m³，显著低于联合国人口行动组织规定的严重缺水的标准（≤1000m³）。现辖4个乡、4个镇，102个行政村。2020年年底，全县总人口 17.28 万人，常住人口 15.92 万人，城镇化率为 55.3%。2020 年，盐池县人均 GDP 为 6.68 万元，是全国平均的 92%，农民人均可支配收入为 13922 元，是全国平均的 81%。

2012 年，盐池县有贫困人口 11203 户 32998 人，贫困发生率为 23%。在 2013 年逐步实施精准扶贫战略前，盐池县面临农户收入渠道单一、产业发展落后、发展资金短缺、健康风险较大以及贫困发生率高等现实难题。2013 年以来，盐池县紧紧围绕"两不愁三保障"脱贫目标，统筹各个职能部门，扎实推进各项举措，不仅在 2018 年成为宁夏第一个实现脱贫"摘帽"的国家级贫困县，还于 2019 年 10 月被列为自治区唯一一个"脱贫攻坚与实施乡村振兴战略衔接试点县"。

在取得了脱贫攻坚这一阶段性胜利之后，巩固拓展脱贫成果、切实防止规模性返贫、有效衔接乡村振兴以期可持续发展成为新课题，而这对于盐池这样的生态脆弱区来说无疑又将面临新一轮的挑战。

二、主要做法

2018 年脱贫摘帽以来，盐池县依托自身资源特色，抓重点、强弱项、补短板，着力巩固提升脱贫攻坚成果。通过完善帮扶政策、确立监测预警机制、制定系统发展规划等举措，在巩固拓展脱贫攻坚成果同乡村振兴有效衔接的过渡期，创新性地推进了系列工作并取得明显成效。

（一）不断完善帮扶政策，巩固拓展脱贫成果

政策保障方面，保持主要政策总体稳定，进一步强化组织保障、加大帮扶力度、完善政策体系。首先，坚持"四个不摘"原则，即"摘帽不摘责任""摘帽不摘政策""摘帽不摘帮扶""摘帽不摘监管"，建立健全长效机制，有效防止松劲懈怠、急刹车、一撤了之和贫困反弹。继续严格落实五级书记抓精准扶贫的总体要求，逐年、逐村乃至针对边缘户、已脱贫户等不同群体分别制定帮扶计划。新调整64名新驻村干部和帮扶责任人积极争取闽宁协作、中航油、中央彩票公益金等社会帮扶项目资金，支持建设了马儿庄鑫宇饲料加工厂、冯记沟肉牛养殖场、回六庄美食文化苑等一批民生工程。持续加强资金监管，严格落实"三级公开""三资管理"等制度，确保资金运行安全规范。

其次，强化产业政策扶持，搭建产业合作平台。坚持"政府引导、龙头带动、扶贫到户、做大产业"的产业化扶贫工作思路，按照"统一品种、统一种植方式、统一管理、统一绿色防控、统一品牌、统一销售"的六统一模式，采取配套推广节水技术和设施、推广测土配方施肥等措施，对标准化种养、基地建设、企业培育、精深加工、品牌打造及市场开拓实施全环节扶持，稳步壮大特色产业，提升农户家庭收入水平。比如，在惠安堡镇大坝村、花马池镇城西滩黄花主产区打造2个万亩黄花绿色标准化示范基地，户均种植黄花面积超过6亩，亩均纯收入超过6000元。同时，根据实际情况做出政策调整，逐步取消了一些差别化政策补助，提高了产业

的市场竞争力和抗风险能力。

再次，全面落实百万移民致富提升、城乡居民收入提升、基础教育质量提升和全面健康水平提升"四大提升行动"，延续脱贫攻坚期间扶贫相关政策措施，积极实施对非建档立卡户住房、医疗、教育保障的辐射力度，群众满意度、幸福感不断增强。已脱贫患者住院医疗费用报销比例不低于90%，年度累计住院医疗费用不超过5000元，90家村卫生室开通远程门诊。为高中阶段和职业中学"四类学生"发放国家助学金897万元，免除高中阶段"四类学生"和职业中学学生学费891万元，为义务教育阶段"四类学生"发放生活补助722万元，做到应助尽助，义务教育阶段实现"零辍学"。三年累计完成农村危房危窑改造6991户，完成易地扶贫搬迁519户1602人，切实解决了农村危房危窑户和无房户住房保障问题。扎实开展农村饮水安全巩固提升工程，探索推行"互联网＋城乡供水"模式，实现了城乡供水管理信息化、自动化、智能化。

最后，金融扶贫方面，扩充边缘易致贫户的小额信贷政策普及，增加对一般农户产业贷款和专业大户、合作社等贷款基准利率放贷、贴息等政策覆盖，实行"扶贫保"提标扩面。2018年脱贫摘帽以来，各类扶贫产业保险累计赔款近9000万元，使8万多农户从中受益，为产业扶贫健康发展、困难群众稳定增收构筑了坚实屏障。

（二）创新监测预警机制，切实防止规模性返贫

将脱贫攻坚工作中的重点工作推进机制和方法沿用至脱贫攻坚后的成果巩固环节，建立脱贫攻坚动态监测和预警机制，为有效

防止规模性返贫提供了制度和平台支撑。首先，创新建立网格化管理制度，压实返贫监测责任。按照"任务担当、规模适度、方便管理、界定清晰、责任明确"原则，建立"县、乡、村、组"四级网格化管理制度，统筹将全县划为1894个基础网格，按照"亲缘、地缘、业缘"关系，为每个网格合理配齐一位网格员。网格员每半个月至少通过电话、微信等方式回访一次，每月至少一次入户走访对比，通过电脑或者手机APP录入、实时更新数据。

其次，实施"四查四补"制度，守好规模返贫底线。根据党中央、国务院有关决策部署，按照自治区党委和政府关于全面开展"四查四补"要求，盐池县委、县政府全面实施查损补失、查漏补缺、查短补齐、查弱补强"四查四补"制度，及时排查疫情、灾害、病残及意外等对脱贫不稳定户、监测户、农村低保户、分散供养户、残疾贫困户、边缘户等困难群体的影响，解决帮扶政策的漏统、漏项、漏扶、漏管"四漏"问题，补齐公共服务、基础设施、基层治理等短板，巩固提升扶贫标准的弱项，提高农户发展内生动力。通过常态化开展"四查四补"工作，建立"县级+8个乡镇+各行政村"的"1+8+X"工作机制，形成卫生、教育、住建等10个部门联动的防贫网络，摸清摸准农户基本情况和短板弱项底数，实现对困难农户的因户施策、精准帮扶，做到早发现、早干预、早帮扶。

最后，开发动态监测预警系统，提升智慧管理水平。依托脱贫攻坚大数据平台，开发建设"盐池县脱贫攻坚与乡村振兴动态监测预警系统"，设置农户管理、统计分析、任务管理、督办管理、巡查管理、网格管理、政策宣传等12项功能系统功能。截至目前，全县所有农户的基本信息已录入系统实现常态化管理。在信息监测方面，通过农户自主申报、基层干部排查、部门筛查预警等汇总的拟监测对象名单，经驻村干部、乡村网格员等入户核实后，依次提交村级、县级评议公示，符合条件的县级乡村振兴（扶贫）机构批准确定为监测对象。县、乡两级负责组织制定监测对象"一户一策"帮扶方案，安排责任单位、责任人建立帮扶结对关系、落实帮扶措施。在预警方面，科学建立预警指标体系，对全县所有农户"一收入两不愁三保障"、金融扶贫、兜底保障、不可抗力等十类27项指标进行动态监测和预警，构建权责明晰、防范有效的工作体系和责任体系。将监测发现的问题按照"存在重大风险""暂时存在问题""一切正常"分别标示为红色、黄色、绿色三级预警管理，有效监测返贫或新增致贫风险。

（三）规划引领系统推进，有效衔接乡村振兴

强化与自治区有关部门和中国科学院、宁夏大学等机构的合作对接，探索推进乡村振兴战略。择优选定专业团队高水平编制《盐池县实施乡村振兴战略规划（2018—2022年）》，围绕总要求，科学把握乡村发展规律和趋势，创新引入乡村地域多体系统理论和"三主三分"理论方法。以乡村地域的空间体系梳理为切入点，以乡村地域多体系统组织重建、产业重塑、空间重构为抓手，推进产业体系与空间体系匹配。

首先，在产业发展方面，以脱贫攻坚期发展到户产业时形成

的滩羊产业为主导，黄花菜、中药材、小杂粮、优质牧草为辅助的"1+4+X"特色优势产业格局为基础，向更大范围、更高层次推进产业发展，同时政策向村集体和企业倾斜。其次，大力实施乡村人才智力回归、乡村人才素质提升、乡村人才发展环境优化"三大工程"，重点推进产业领军、经营管理、专业技术、乡土文化、乡村治理"五支人才队伍"建设。再次，开展民风、家风、爱国教育，通过"六个先锋"评选宣传，发挥榜样力量，提升文化"软实力"。再来，优化"三生空间"，协同推进人居环境整治、产业用地集聚高效和林草用地培育保护。紧接着，选优配强基层党组织队伍，推进"强村带弱村、导师帮带制"行动，提升基层党组织工作能力。最后，持续深化闽宁协作，拓宽协作领域，促进乡村全面振兴。

三、经验启示

经过近三年的探索，盐池县在巩固提升脱贫成果的基础上，也取得了乡村振兴的初步成效，形成了一套可持续发展的经验做法。以盐池为案例，总结提炼相关做法、经验，对于类似的生态脆弱、发展滞后地区的过渡期治理具有重要借鉴意义。

（一）压实主体责任，建立完善乡村发展行动者网络

坚持党政统筹推进，强化组织引领，建立健全脱贫攻坚责任体系、政策体系、工作体系和监督问责体系。在落实政府主体责任领航乡村发展的同时，着力发动其他相关行动主体的深度参与，不断健全和完善乡村发展的行动者网络，为巩固脱贫成果、衔接乡村振

兴夯实社会资本提供必要的潜育环境。立足扶志扶智，注重激发内生动力，协同推进文化建设与产业发展，坚持以"扶志"破除精神贫困、以"治愚"提高致富能力和以"脱旧"树立文明新风。进一步加强东西部协作，巩固结对帮扶关系，拓展帮扶领域，优化帮扶方式，加快融入新发展格局、实现高质量发展。

（二）加强制度建设，强化公共政策延续性与灵活性

公共政策的本质是对整个社会利益的权威性分配，注重公共政策的延续性和衔接性，是稳妥实现从脱贫攻坚到乡村振兴的过渡期有效治理的重要保障。从脱贫攻坚到乡村振兴，政策主体和环境相对稳定，而政策的直接客体由贫困群体转向乡村发展全领域，政策的目标群体由贫困人口转向全体农村人口。因此，要想持续而均衡地发展，需要继续实施以及加强脱贫攻坚时的投入保障、公共设施以及公共服务等各类政策，全面提升产业发展基础、政策支撑体系和组织保障能力。同时，还要重视政策统一性和灵活性的相互关系，逐项分类优化调整，建立包容地方区域性和个体差异性的政策安排。

（三）科学谋划推进，提升精准施策和智慧管理水平

乡村振兴规划对于巩固拓展脱贫成果、有效衔接乡村振兴、科学推进乡村建设具有重要的指导作用。盐池县注重长远谋划、强调短期计划，制定了符合自身实际和特色的高质量发展规划，做到了精准施策，切实强化了乡村振兴的规划引领，发挥了"一张蓝图干到底"的效果。此外，注重利用新技术和互联网为乡村振兴助力。

开发建设的"脱贫攻坚与乡村振兴动态监测预警系统"考虑到了不同群众家庭生活的特殊性和帮扶措施的多样性，有效监测全县所有农户的生计和贫困情况，切实提升了网格管理和"四查四补"的工作效率。大力推进"互联网+医疗健康"和"互联网+城乡供水"，努力确保农村饮用水安全和农村贫困人口就医便利。

第三章 村级案例

"牢记嘱托，感恩奋进"
——连樟村从脱贫到振兴的新模式

摘要： 连樟村牢记嘱托，不忘初心，感恩奋进，坚持"政府引导、村委践行、农民主体、多方参与"的共建共享发展思路，通过农村人居环境综合整治、基础设施建设、产业扶贫、就业扶贫以及政策保障措施落实等举措，实现村庄面貌大改变，公共服务水平大提升，脱贫成效显著，村民的获得感和幸福感增强，乡村振兴也迈出了崭新的步伐。

关键词： 连樟村　牢记嘱托　党建引领

一、背景情况

连樟村，原叫"连瘴"村，连樟村位于广东省清远市英德市连江口镇，地处粤北大山的褶皱里，是一个被称为"大瘴之地"的偏僻小山村，因山多地少，发展落后，大部分村民长期处于贫困之中。连樟村下辖17个村民小组，共有530户2417人，连樟村党总支部共有党员71人，总面积31.83平方千米，林地面积40843亩，耕地面积2432亩，其中水田905亩，主导产业为农业，村民以外出务工收入为主。2015年村集体经济收入不足2000元，农民人均可支配收入 7720 元。2016 年被列为省定贫困村，建档立卡贫困户 63 户 159 人，贫困发生率达 7%。该村由清远市委办公室、市政府办公室、清远市编办、清远市德晟集团公司联系帮扶，也是碧桂园集团支持新农村建设、助力乡村振兴的重点村庄。

2018 年 10 月 23 日，习近平总书记来到广东省英德市连江口镇连樟村，看望贫困群众，共商脱贫之计。总书记的一句"乡亲们一天不脱贫，我就一天放不下心来"，感动了在场所有人[①]。连樟村牢记嘱托，不忘初心，感恩奋进，乡村振兴迈出了崭新的步伐。2020 年，连樟村成为广东首批实现验收摘帽的省定贫困村，全村 53 户 130 人全部脱贫出列，村民年人均可支配收入 21414 元，村集体经济收入突破 200 万元，2417 名村民共获得分红收入 66 万元。

二、主要做法

（一）面临的挑战

连樟村由于地处偏远山区，村里山多地少，靠人均不足半亩的水田难以维持生活，集体经济匮乏，长期处于贫困之中。连樟村主导产业为农业，产业发展存在产业类型单一、主导产业薄弱缺乏特色、耕作分散没有技术支撑、缺乏其他辅助产业等问题。村民以外出务工收入为主，留守人员老人居多，受教育程度普遍偏低，能人、致富带头人少，人才的缺乏一定程度制约了村产业的发展和农

---

① 《总书记和贫困户共商脱贫之计（总书记勉励我奋战一线——听第一书记讲述扶贫故事）》，《人民日报》2020 年 8 月 29 日。

民增收。原该村党支部"软弱涣散",因为村集体收入薄弱,缺乏办公场所和经费,村委大门常年关闭,干部流动办公,党支部工作流于形式。同时,连樟村还面临以下困境。

一是驻村第一书记和驻村干部职能转换的困境。驻村第一书记、驻村干部制度有待完善,巩固脱贫攻坚成果与乡村振兴有效衔接面临职能转换困境,其中涉及组织领导机构如何由脱贫攻坚向乡村振兴转化,基层党建的创新能力如何提升,领导效能和治理效能如何不断提升等问题。

二是脱贫攻坚与乡村振兴相关工作机制转换的困境。首先,产业扶贫机制需要由临时性向长期性转换,扶贫产业同质化现象严重,应对市场和自然风险能力弱,持续带动脱贫人口稳定增收难度较大。其次,产业融合发展总体上尚处于初级阶段,配套设施不到位,财税金融保险等政策制度还不完善。

三是脱贫攻坚与乡村振兴资源整合的困境。脱贫攻坚阶段,连樟有效动员人力、物力、财力,规模空前,绝无仅有,为贫困地区缓解发展难题。巩固脱贫成果,衔接乡村振兴,这一过程面临诸如城乡人才不协调、城乡福利保障不均衡等问题,如何实现资源整合协调的问题较为关键。

(二)"党建+产业+帮扶+乡村建设"的振兴新模式

2018 年习近平总书记视察连樟村时谈道,"全面建成小康社会一个都不能少。在脱贫攻坚战中,基层党组织要发挥战斗堡垒作用,一任接着一任抓,一仗接着一仗打,一代接着一代干,积小胜为大胜，最后取得全面胜利"。连樟村的实现摘帽是"党建＋产业＋帮扶＋乡村建设"的结果。

1. 党建引领开启脱贫路

首先强化村"两委"班子建设，优化调整村级党支部设置，树立"党建＋X"的工作理念。通过对党员设岗定责、党支部规范化建设，结合开展村企党建结对共建等活动，提高连樟村党支部的凝聚力和战斗力。2018年9月成为英德市先进基层党组织，村党总支部书记陆飞红在首届南粤慈善盛典被评为"2018年度扶贫贡献人"，跻身英德市首届村（社区）党组织书记"十佳头雁"行列。驻村第一书记、扶贫工作队队长张雪凡则被评为广东省2016—2018年脱贫攻坚突出贡献个人（驻村干部）。

2. 富民兴村特色产业助力脱贫

2018年在连樟村，习近平总书记说："产业扶贫是最直接、最有效的办法，也是增强贫困地区造血功能、帮助群众就地就业的长远之计。"[①]连樟村大力争取有关企业帮扶，积极谋划和大力推进"一镇一业、一村一品"建设、乡村旅游等扶贫产业。

一是借助农业龙头企业力量促进产业扶贫。以"公司＋合作社＋基地＋贫困户"的方式，与清远市重点农业龙头企业合作，建成大棚蔬菜生产基地使得贫困农户既得到分红收入，并可在基地学到种植技术，还得到务工收入。二是开办扶贫车间推进转移就业。建成佳美达玩具公司连樟加工点，总员工高峰期超过100人，月工资收入最高达到3000元以上。三是2018年参与全镇统筹入股百鸟

---

① 《把外在推力转化为内生动力》，《人民日报》2020年2月7日。

堂（150万元）、浈阳峡（58.5万元）生态旅游发展有限公司。四是2019年投资70万元入股英德市恒和农业科技发展有限公司等入股分红，积极探索可持续发展的路线和发挥扶贫资金的作用，并且帮助贫困边缘化的家庭，解决脱贫不返贫的问题。五是引进广东平甫农村实用人才培训公司投资租赁山林，建设首期160亩仙草公园（灵芝公园），促进林下经济及生态旅游发展。

习近平总书记拿过的麻竹笋是连樟村的特色产业。连樟村为作好麻竹笋产业文章，购买5500棵麻竹笋苗，先后发放价值共15万多元的肥料，帮助有劳动能力的贫困户搞好麻竹笋等生产。英德连江口麻竹笋成为广东第一个荣获岭南生态气候优品的农产品，更是连樟村的特色产品。同时，引导建立顺达种养专业合作社，建起连片近50亩的西瓜芭乐（红心番石榴）生产示范基地，探索发展特色水果替代砂糖橘的增收途径。

3. 碧桂园帮扶探索"4+X"扶贫模式

2017年10月，碧桂园集团派驻扶贫团队，与连樟村协同开展精准扶贫精准脱贫、乡村振兴、美丽乡村建设等各项工作。碧桂园集团专职帮扶团队进驻连樟村后，开展了乡村道路硬化、排水排污、篮球场及公共厕所等基础设施建设、村容村貌绿化亮化美化工程。碧桂园集团积极探索、逐步形成推进党建扶贫扶志、产业扶贫扶富、教育扶贫扶智、就业扶贫扶技及其他创新形式在内的"4+X"扶贫模式，重点聚焦贫困户脱贫工作。产业扶贫是最直接、最有效的办法，在精准扶贫工作推进过程中，碧桂园集团将农家乐、民宿等业态引入连樟村，同时设立产业发展基金，支持发展麻竹笋、红薯等基地。碧桂园集团积极探索就业扶贫方式，将家政、电工等培训开设进村，为村民提供发展就业必备技能。碧桂园集团还开展了教育扶贫助力脱贫攻坚，资助贫困学子完成学业。除此之外，碧桂园集团还在连樟村进一步开展村容村貌人居环境整治和基础设施建设，推进"厕所革命"，发展乡村旅游。

4. 美丽村庄建设推进扶贫

连樟村突出农民主体作用，采取"以奖代补""五个梯度创建"的方式，对贫困村村庄规划、人居环境整治、基础设施建设、农村公共服务均等方面进行全面提升，推进"三清理三拆除三整治"工作，中心村已完成巷道硬底化、庭院改造、停车场、池塘改造、公园、牌坊、村标、指示牌、农家乐、河道整治、排水排污、污水集中处理系统、星级公厕、河溪水景、河滨绿道、绿化、石椅等一系列工程，并增建道路，完善路灯工程。统一改造楼房外立面24幢51户，泥瓦房整治后彩绘10户；建设2间文化室和旅游接待室，促进人畜分区78间统一规划的杂物房建成；凤凰优选商行开张营业，首期2户民宿加紧改造，购物街已投入使用，田园茶舍基本建成，民宿区建设和旅游接待室拆除扩建等项目正在推进，邮乐购和1个银行取款点即将投入使用。村集中式供水工程实现通水入户，惠及全村503户群众。中心村外的村庄改造也在有序推进。连樟村的13个自然村创建为清远市级美丽村庄。

三、经验启示

2018年习近平总书记视察连樟村时指出，"要在脱贫致富基础上加快推动乡村全面振兴,实现农业农村现代化"。在脱贫攻坚取得胜利的成果的同时,连樟村荣获广东省文明村、广东省十大美丽乡村、省乡村振兴大擂台"农房管控和乡村风貌提升优秀村"、广东省乡村治理示范村等荣誉,被定为国家城乡融合发展试验区连樟样板区、全国"依法治村"基层治理试点村。陆奕和荣获"全国脱贫攻坚奖奋进奖"。村党总支部被确定为"全国先进基层党组织"拟推荐对象。

(一)党建引领是组织振兴的堡垒

连樟村探索并实行了"党总支部+直属支部+核心支部"的党组织设置模式,为党员设岗定责,明确党员职责;执行村级各类组织向党组织报告事项的制度,同时实施县镇村"三包三联"联系服务群众,开展"4+1+N"主题党日活动,形成党组织有序、制度完备、活动丰富的组织阵地。党组织加强党群活动阵地建设,建成集四点半课堂、乐膳馆(老年人饭堂)、儿童乐园等13个功能于一体的党群活动中心,"党群议事厅"定期向群众通报村中大事和党组织服务群众、解决困难的情况。结合"两学一做"学习教育、"不忘初心、牢记使命"主题教育、党史学习教育,每年开展"牢记嘱托、感恩奋进"主题系列实践活动。

(二)村发展队伍建设是人才振兴的主体

注重"两委"队伍配优育强,2021年村级换届产生新一届"两委"成员7名,平均年龄37.6岁,大专及以上学历3人;实行精准帮扶,由上级领导干部与连樟村"两委"干部开展结对帮扶,通过定期谈心谈话和座谈交流及时掌握村干部思想动态、突出教育培训,精准推动村干部政治意识、业务能力和文化素质提升;建设农村实用人才队伍,坚持扶贫扶智相结合,开办月嫂、电工、粤菜师傅等培训班11期,28名村民转型为新型职业农民。大力实施人才回乡计划,吸引31名大学生、外出务工人员返乡创业就业。

(三)农业产业现代化是产业振兴的重要手段

连樟村产业发展思路为:结合连樟村的产业发展优势及问题入手,对于第一产业——现代生态农业,在规划期内在保持粮食生产能力的基础上,重点培育茶叶和麻竹笋两大特色农业品牌。对于二三产业——农副产品深加工,规划于中心村设置电商展示销售中心和农特产品商业街,在沙潭、禾湾集合麻竹笋设置竹制品加工房及竹编工艺展示区等,做强做大农副产品深加工。对于二三产业——乡村旅游业,依托连樟村现有资源及未来项目建设,把连樟村分为花海茶园、党建引领、亲子农耕、油茶体验、康养运动五大旅游分区。依托S382形成旅游风景道,依托规划的沿河滨水绿道形成旅游慢行线路,两道平行把5大旅游分区的项目串联成线。

连樟村高标准建设连樟村果菜茶省级现代农业产业园,谋划实施22个建设项目;高标准建成连樟乡村振兴学院,2020年以来开展各类培训107个班次,培训学员7787人次;引导碧桂园集团精准帮扶连樟村,设立产业发展基金,引入发展农家乐、民宿、农业观光等业态。广东清远电信公司在连樟村开通了2个5G基站，连樟村成为全国首个5G覆盖的行政村，5G大带宽、高速率、低时延的显著特征在智慧农业、农村电商、绿色农产品等领域发挥巨大作用，对连樟村乡村振兴发展具有重要意义。

（四）环境建设是生态振兴的首要抓手

连樟村依托原有的青山绿水资源，按照以美丽乡村建设为抓手，改善乡村景观、以全域旅游为抓手，推动示范片区乡村旅游融合发展。整合连樟村、浈阳峡、大樟沙滩、铁溪小镇、白水寨、吴光亮故居、古驿道等旅游资源，联动发展，积极打造观光休闲、采摘体验等多元化旅游产业发展，打造北江文化风光休闲乡村旅游线路和连铁古驿道美丽乡村徒步精品旅游线路。

（五）乡风文明建设是文化振兴的具体实践

建立连樟村家庭文明档案，制定村规民约，常态化开展家庭教育大讲堂等乡风文明宣传教育活动。探索建立乡贤会、党群志愿服务队、新时代文明实践站、社工服务站"一会一队两站"，积极开展民风评议积分、志愿积分超市等系列活动，让每个村民都主动成为美好家园的建设者。举行2020年连樟村"乡村春晚"系列活动，吸引了588万人次在线观看。举办"牢记嘱托、乡村振兴再出发"系列庆祝活动"南粤慈善盛典"等，更是增强了连樟村党群关系，增强了党群齐聚连樟共力创业的良好氛围。

村企联建助力"厌人垸"蝶变"羡人垸"
——湖北省罗田县燕窝垸村党建引领乡村振兴模式

摘要： 湖北省罗田县燕窝垸村曾是大别山腹地的深度贫困村。自2013年以来，该村依托村庄能人治理、创新党建引领、村企联建、产业融合发展等，大力推进村庄建设和乡村治理，坚持产业扶贫路径。在返乡创业能人的带领下，整合村庄资源，打通行政村边界痛点，创造了大别山乡村发展的典型路径即"燕儿谷模式"，实现了该村由建档贫困村到全国文明村的蝶变，走出了一条党建引领、产业兴村、能人治理的特色乡村振兴路径。立足该村实际，实现人、才、物、政策等资源的有效整合，为该村实现巩固拓展脱贫攻坚成果同乡村振兴有效衔接提供了有力保障。

关键词： 村企联建　产业融合　能人治理

一、背景情况

燕窝垸位于湖北省黄冈市罗田县骆驼坳镇东部，因三面环山、形似燕窝而得名，所属罗田县是湖北省东部区域的门户城镇，是武汉"1+8"城市圈东部发展轴线上的重要城镇，是国家级贫困县。

这样一个大别山腹地的偏远山村，过去村里干部无人当、驻点干部不愿来，村干部年龄普遍偏大，思想观念保守，市场意识不强，工作激情减退，村党组织力量不足，同时也造成村级债务缠身，村集体积贫积弱，村民辛辛苦苦一年下来，人均收入不足千元，2014年建档立卡贫困户占全村的35%。为了过日子，村庄的年轻力壮者外出打工谋生，留守的老人妇女守着"一亩三分田"，因为穷找媳妇也成了难题，曾经燕窝垱村产业发展单一，村民收入来源少，靠天吃饭，在泥土里扒食、汗水里挣钱，种粮卖钱是主要生产方式，经济效益低，遇上旱涝灾害，收入没保障。蝶变前燕窝垱村存在乡村治理困境、年轻人口流失、村民内生动力不足等问题，因为穷、乱、差，被戴上了一顶"厌人垱"的帽子，是大别山区典型的深度贫困村。在面临脱贫致富和村庄可持续发展方面，燕窝垱村的村庄治理、统筹资源规划等方面存在明显短板，如何破解这些难题是该村当时考虑的主要问题，也是实现脱贫攻坚目标的重要支撑。

二、主要做法

（一）探索党建新模式：村企联合党支部和片区联合党委

党的基层组织是党的全部工作和战斗力的基础。十九届四中全会提出："打造共建共治共享的社会治理格局"，探索党建引领下基层治理共同体的构建，对于乡村治理和乡村经济的发展具有重要推动作用。燕窝垱村积极探索党建新模式，推动村企共建、村村联合，通过党建引领村、企、民三方共同进步。燕窝垱村强化党建引领主要通过引进能人、创新村企联合党支部、成立片区联合党委三种方式，深度融合党建引领与乡村发展的各项工作，聚焦于村子发展，稳步推进燕窝垸的乡村建设。

1. 共建村企联合党支部

燕窝垸村积极开展村企党组织结对共建，着力构建了关系密切、有机融合、双向受益、共同提高的党建一体化格局，有效增强了基层党组织的生机活力。2013年7月，骆驼坳镇党委按照"共驻共建、优势互补、资源共享、共同发展"的原则，组建成立罗田县第一个村级组织和非公有制企业联合党总支—燕儿谷联合党总支，村组织和企业领导班子之间交叉任职。通过村企联合党支部，实现全村重大问题共同决策等原则，重构了村庄治理结构体系主体。

2. 成立片区联合党委

为打通行政村的边界阻断，整合各村优势资源，统筹协调村庄发展，2017年，骆驼坳镇进一步创新了"联组织、联规划、联资源、联产业、联文化"的村村联合机制，创新了党建载体。将相邻相近的燕窝垸村党支部、骆驼坳党支部、郭家河村党支部、叶家圈村党支部、樊家冲村党支部、望江堖村党支部6个村党支部和燕儿谷公司党支部联合建立燕儿谷联合党委，徐志新任联合党委书记，叶从格、夏盈任联合党委副书记，党委委员共同参与议事决策。在片区联合党委的统筹管理下，各村整合独特优势资源，实现了"一村一品"。

3. 吸纳乡村能人进班子

"两委"班子成员既要了解当地农户的生活状态及村庄发展问

题,也有能力向上传达推进改革,要实现"共谋、共建、共治、共享"的乡村现代化理念,必须开发乡村建设人才资源,探索乡村治理的多元主体协同共建的路子。2012年徐志新开始担任燕窝垸村第一书记,以乡情、乡愁为纽带,吸引和凝聚各方人士用其学识专长、创业经验建设美丽乡村,发挥了能人的精英作用和带头作用。通过吸纳能人进班子,充实强化"两委"战斗力,优化班子结构,提高"两委"干部履职能力和综合素质,切实增强村级组织的战斗堡垒作用。

(二)创新乡村发展新模式:村企联建

2013年,徐志新抓住发展先机,具有前瞻性地提出村企联建模式,并于当年与燕窝垸村签定《村企联建协议》。燕儿谷公司依托资金、技术、人才、管理等优势,积极理清发展思路,确定农旅融合这一发展路径,增强了村企的发展能力。燕窝垸村依托特有的自然资源、资源要素、投资需求,为燕儿谷公司拓展新的发展领域和资源配置空间。双方主要通过村企党组织共建、村企产销合作、乡村生态旅游、构建村企利益联结机制等措施,进一步推动燕窝垸村农业农村向现代化转型,为实现燕窝垸村乡村振兴之路提供坚实保障。

1.吸引市场主体,提升乡村发展活力

燕窝垸村从乡村企业资金利用、盘活土地资源、加强政策激励等方面积极吸引市场主体入驻村庄,完善财政奖补和考核激励机制。积极扩大现代种植业、乡土特色产业、农产品加工流通业等领域的投资，实现产业发展规模化、标准化、品牌化的现代农业。加快村企对接，激发村企的合作意识，更好地完善利益共享、风险共担、合作协同、互惠共赢的利益联结机制，提升乡村发展活力。

2. 优化联合决策机制，打造村企发展共同体

在企业经验和村民发展等重点事项中坚持优化联合决策机制，通过党建引领，带动村企联合共建共治共享的乡村治理格局，把握燕窝垸村发展方向。联合规划，编写美丽乡村的新版本。联合投资，共建产业兴旺的命运共同体。联合办公，打造乡村旅游的"一站式"服务。联合环保，构建生产生活的优美环境。联合"双创"，培育乡村振兴的生力军。

3. 打破区域边界限制，整合多方资源共建

燕窝垸村以村企联建模式打破区域边界发展，整合了多方资源为实现村庄可持续性发展提供资源要素。以片区党委领导模式突破村集体发展的边界，有效聚合周边行政村范围的资源；盘活现有的村集体资产，以资产入股分红等形式提升村集体发展活力；加大引入社会力量参与村庄建设和投资，搭建乡村振兴服务平台、创客平台等相关形式在整合多方资源，开辟共同富裕路径。

（三）打造乡村转型发展新标杆：农文商旅养三产融合

燕窝垸村围绕罗田"生态立县、旅游兴县"的发展举措，瞄准建设美丽乡村这个目标，坚持以农为本，紧扣发展乡村旅游这条主线，充分利用"两山夹一沟"的特色地形，以山区自然沟域为单元，以旅游为纽带，以股权为联结，连片挖掘整合沟域范围内的自

然人文资源，着力打造"旅游+"产业平台，构建"公司+集体+农户"的利益共同体，形成了一产休闲农业、二产农副产品加工及园林建设、三产乡村旅游与森林康养为主体的融合产业，实行农旅文养教深度融合发展，以此来实现农业的多功能化，兼顾农业的经济、生态和社会功能。

1. 一产为基础，发展休闲农业

燕窝垸村紧密联系乡村实际，立足现有的产业基础，把握区位特点、本土特色等关键要素，明确燕窝垸村第一产业的发展定位和方向：立足生态、土地的优势，确定以"坚持绿色发展，凸显地方特色，打造宜居宜业宜游宜养的美丽乡村"为发展方向，大力建设特色种植基地。燕儿谷公司2010—2020年累计投资1.8亿元，实施茶梅、梅花、玉兰、桃花、樱花、海棠、石榴、油茶等多个特色种植基地建设，建成了中国最大的茶梅基地，以满足我国中部地区秋冬赏花游的需求。实现了"绿化景观化，景观特色化，特色产业化"，夯实生态旅游基础。燕儿谷公司带领村民充分挖掘和拓展农业的休闲功能、景观功能、文化传承功能、生态功能等，通过积极开展农家乐，采摘、养马等体验式项目，大力发展休闲农业、观光农业、创意农业、生态农业等，推动燕窝垸村农业产业链条的延伸，带动当地特色农业的发展，农户直接经营或就业、入股，扩展了增收渠道。

2. 以二产为轴心，实施农副产品深加工及园林建设

燕窝垸村农副产品丰富、品质优良。2015年燕儿谷公司成立研发团队，开发茶油、油面（省级非物质文化遗产）、软萩粑、腊肉

等地方特色农产品和茶梅系列产品，并已注册燕儿谷商标。通过积极扶持发展专业合作社，包括中草药、林果等。2020年销售软菜籽油、糙米、油面、皮蛋、板栗仁等特色农副产品增收620多万元。此外，燕儿谷园林工程业务迅速发展，下设了燕儿谷园林工程优先公司，参与了多个美丽乡村项目的园林设计与施工。

3.以三产为引擎，实施休闲、观光、养老、研学教育等全产业链

燕儿谷公司重视经济价值、生态环境价值、文化价值的融合，因地制宜支持燕窝垸村发展自己的主导产业，注重生态、文化、旅游的互动。将非遗文化、传统文化与教育、研学相结合，注重游客体验和学生动手实践的获得感，塑造长效产业，形成了独特、多样的乡村旅游景点。目前已建成第一个返乡养老村燕归园、第一个大别山民俗文化旅游小镇茶梅小镇，以及茶梅园、梅岭、樱花园、桃花坞、乡村工匠学校等核心景点，均已对外开放。燕儿谷市场美誉度与影响力在不断提升，每年吸引了大量游客前来旅游观光，带动周边农户开办农家乐47家，每周双休日接待游客超过2000人。燕窝垸村的乡村旅游模式主要有文化体验型、生态休闲型、康养型、研学型等，形成了以乡村旅游、休闲度假、传统文化传承等为主要功能的乡村经济转型示范村庄，包含独特乡土文化的产品体系是乡村旅游的认同感和归属感的来源。

三、经验启示

（一）强化党建引领作用，推动乡村振兴有效衔接

燕窝垴村创新村企联合党支部、片区联合党委部等形式，以党建共建为平台，充分发挥各自优势，便于村、企业优势资源深度融合，提高资源统筹能力，实现以点带面的合力发展。脱贫攻坚成果巩固和乡村振兴，都应高度强调农村基层党建，把党的政治建设放在首位，精心选拔干部队伍，强化党建引领保障作用，将乡村能人聚集在乡村治理结构体系中，补充村干部的有生力量，有效发挥能人返乡带头致富的凝聚作用，培育和发掘村庄内外人才资源，充分激发村民内生动力，助力于乡村振兴目标的实现。

（二）构建利益共同体，促进村企共建发展

以村企联建形式构建乡村利益共同体，村企党组织结对共建，通过党建带动村企联动，增强政治功能和群众组织力，共同推动美丽乡村建设和村庄产业发展。创建可持续发展体制机制，鼓励村集体和村民入股，盘活闲置资源，增加集体参与共同发展的积极性。村企共同投资组建新的混合所有制经营实体，开展联合经营等多种形式，实现从村民、员工到股东的身份转换，逐步形成承包者与经营者之间的利益共同体，实现农户增收方式的转换。同时，引导更多的市场主体参与村庄治理进程，主动融入乡村发展，与村民形成发展共识，与村集体形成利益共同体，最终实现共建共治共享的乡村发展格局。

（三）做强优势产业，推进三产融合发展

一是发掘绿色资源，夯实产业发展基础。要聚焦乡村优势，发掘绿色资源，大力培育乡村旅游产业，依托村庄良好的自然生态环境和独特的人文生态系统，以村企联合共建带领群众治理乡村生态环境，改善人居环境，大力发展大健康产业和全域旅游，形成自身的发展特色并推动乡村旅游可持续发展，进而实现乡村旅游产业和生态环境保护的协调发展。二是挖掘文化要素，凝聚产业发展优势。依托乡村原有的特色人文要素，通过市场化运作机制，培育和凝聚产业发展优势，推动乡村产业升级，积极打造生态旅游观光业等相关业态发展，培育休闲农业新业态，推动农业由单一功能向生态、养生、文化、研学等多功能拓展，建设一批集生活、生产和生态于一体的田园综合体。三是延长农业产业链提高产品附加值。发展高附加值产业是增加农民收入，是实现巩固拓展脱贫攻坚成果衔接乡村振兴的重要路径。延长农业产业链从而带动物流、餐饮等的发展，在这一过程中既能解决乡村就业问题，又能实现农村一二三产业的融合渗透，改革传统的农业经济模式。

"好好干、有奔头"
——湖南省凤凰县菖蒲塘村的蝶变

摘要： 2013年11月3日，习近平总书记在菖蒲塘村考察调研村里产业发展情况时叮嘱要"依靠科技，开拓市场，做大做优水果产业，加快脱贫致富步伐"，勉励村民"好好干、有奔头！"八年来，菖蒲塘村牢记总书记的嘱托，在推进脱贫攻坚和乡村振兴的具体实践中，高举党建引领大旗，注重科技创新，发挥人才优势，坚持市场导向，发展壮大水果产业，推进一二三产业融合发展；以村企联建、大户带动、结对互助、保障兜底等为主要举措，探索出一条以科技支撑、人才领跑、产业兴旺带动脱贫致富和推动乡村振兴的特色发展路子。

关键词： 党建引领　市场导向　三产融合

一、背景情况

菖蒲塘村属于湖南省湘西州凤凰县，因村前有塘，塘中长菖蒲，故而得名。2016年，菖蒲塘村由老菖蒲塘、长坳、马王塘、樱桃坳四个村合并而成，合并后全村总面积约9.37平方千米，其中耕地面积5332亩，林地面积7538亩。菖蒲塘村设一个村党委，共有党员106人，全村共有710户3035人，其中稳定脱贫户132户431人，分四个片区：菖蒲塘、马王塘、樱桃垇、长垇，共23个村民小组，15个自然寨。

菖蒲塘村是一个以土家族为主的少数民族聚居村，也是廖家桥镇水果种植面积最大的行政村。20世纪80年代，该村是全县的贫困村，以传统种植业为主，全村90%房屋为土砖房或石头房，10%为茅草房，村级道路、村间道路均为土路，人均纯收入600元，是一个典型的干旱村和贫困村。"有女莫嫁菖蒲塘，家里只有烂箩筐"，这曾是湖南省湘西土家族苗族自治州凤凰县菖蒲塘村贫穷落后的真实写照。如何在一个干旱贫困地区挖掘区位优势、发展特色产业，如何凝聚少数民族合力摆脱贫困面貌，成为菖蒲塘村的一个重大难题。

二、主要做法

（一）高举党建引领大旗，发挥党员村干示范作用

一是充分发挥党员村干"头雁效应"。20世纪八九十年代，在原村支书王安全、丁青青等村主干和党员的示范带动下，积极探索水果种植，一步步把村民的传统种植观念转变到水果产业发展上来。为了发挥党员示范作用，老党支部书记王安全把自己的田地搞成试种场、母本园，免费为村民赠送猕猴桃和蜜柚苗木，并负责全村新品种引种、试种、推广服务和技术指导。菖蒲塘村现任村书记周祖辉是企业家、省级龙头企业周生堂公司董事长，带领菖蒲塘村

实施村企联建，推动农旅一体化、水果产业种植销售提质升级。

二是率先把党组织建在产业链上。菖蒲塘村继承"支部建在连上"的光荣传统，在合并周边四个村之后设立了菖蒲塘村党委，并打破地域设置模式，在原有老菖蒲塘、长坳、樱桃坳和马王塘四个党支部的基础上，新成立了水果产业、旅游产业、女子嫁接队、周生堂公司4个功能型支部，旅游服务、产业技术服务、柚子产业、猕猴桃产业4个产业党小组。围绕"抓党建促发展，抓发展固党建"的思路，推动党员群众"跟党一起去创业"，按照"党小组+党员+贫困户"的模式，发挥党组织在农业产业增量提效、管培销售等方面的推动作用、攻坚作用、统筹作用。

（二）因地制宜，引入水果产业

吉首大学张永康教授认为湘西拥有三个自然带，即"气候上的微生物发酵带、土壤中的富含硒带、植物群落间的亚麻酸带"，加之湘西的富硒土壤，使得湘西地区极为适宜猕猴桃的种植。基于菖蒲塘村田少、缺水的实情，王安全、丁青青等一批党员村干和能人代表，到多地考察市场、学习技术、寻找致富门路。经反复谋划，他们决定尝试种植西瓜、扫把草、葫芦等抗旱性强、见效快的短期作物，若经济收益欠佳，则改回继续种广稼。待短期作物收到成效后，再种植蜜橘、椪柑、猕猴桃、柚子等经济效益好的长期作物。"长短结合、以短养长"的八字方针为菖蒲塘村最初的产业发展定下了基调。随后，菖蒲塘村仍在不断尝试引进新的水果品种。

（三）瞄准市场需求，产品跟着市场走

一是坚持"人无我有，人有我优，人优我转"理念。为防止单一品种带来市场风险，瞄准市场需求，不断对水果进行品种改良，先后引进了椪柑、蜜柚、"米良一号"猕猴桃、红心猕猴桃等品种。二是盯紧市场、水果新产品试种和试验。多年来，菖蒲塘村一直跟踪市场、保持技术革新，进行果园供给侧改革，不断地对果品进行升级换代，始终保持着领先优势。当市场上有了水果新品种，菖蒲塘村里就会有专人专地，试种一小片，把新果树的栽培技术要点摸清，市场调研成熟，再向全村推广，进而推向周边县市。三是培育和开发水果新品种、引领市场。菖蒲塘村充分利用能人在市场竞争中迅速捕捉市场信息的作用，紧跟市场需求，积极从市场导向中优化产业结构，不断优化果品果质。特别是菖蒲塘村"土专家"丁青青通过"米良一号"猕猴桃芽变，成功选育出无籽猕猴桃新品种"翡翠香果"，无须授粉，减少了人工成本，长出的果实口感优于"米良1号"，而且抗旱、耐涝、抗病性强，亩产达五六千斤以上。丁青青表示，"过去引进品种，我们跟着市场走，现在成功选育了自己的新品种，我们掌握着市场！"

（四）规模经营，抱团发展

一是整合果业资源。菖蒲塘村水果产业发展初期，基础设施条件落后，产业发展尚未形成规模，大宗水果销售面临困难，买方市场条件下，果农利润空间很小。因此，水果产业发展相对稳定之

后，菖蒲塘村开始整合果业资源，以获取规模效益和完善产业链，提升产品市场竞争力。2016年，菖蒲塘村与周边长坳、马王塘和樱桃坳3个村合并，组成新的菖蒲塘村。老菖蒲塘村有技术优势、产业基础扎实、产业人才聚集，但人多地少、发展空间有限；长坳土地资源充裕，产业面积宽广，适宜打造示范研学基地；马王塘自然环境好，适宜培育果苗和发展乡村旅游；樱桃坳有集中成片的产业基地和成熟的水果加工龙头企业。

二是成立果业专业合作社。为提高水果产业的科技含量，适应市场发展需要，在种植能人和党员示范户的带领下，菖蒲塘村先后成立了猕猴桃专业合作社和金香柚专业合作社，组建菖蒲塘生态水果基地。基地主要负责优质水果引种、示范、推广、服务事宜，推行绿色生产方式，注册统一品牌，增强果品市场竞争力。基地内村"两委"、科技特派员、科技示范户负责统一水果种植管理技术标准和产品标准，果农负责基地内各自果园生产。

（五）延伸产业链，提升附加值

一是发展苗木产业。为找到治疗猕猴桃"癌症"溃疡病的办法，菖蒲塘村民丁青青发明"9801号"水杨桃砧木嫁接方法。水杨桃砧木嫁接苗极大地提高了猕猴桃苗木的成活率和抗病、抗旱、耐涝能力，果树长势良好，增产明显，效益显著，获得了市场的广泛认可和青睐。此外，菖蒲塘村还积极探索和发展茶叶育苗产业。2020年，菖蒲塘村与县苗圃、古丈、吉首茶叶合作社合作，在水打田乡红星村、千工坪关田山村、箅子坪镇盘瓠村租用飞地340亩，打造菖蒲塘村茶叶育苗基地，为凤凰县新开茶叶基地提供苗木。

二是成立女子嫁接队。菖蒲塘村果农在长期生产实践中，摸索、总结出一套实用的水果种植、管护和嫁接栽培技术，并充分运用所掌握的技术，开辟新的增收渠道。王安全、丁青青是菖蒲塘村第一批掌握嫁接技术的农民土专家、农技师。为带动村民共同发展，他们主动把嫁接技术传授给家人、子女和其他村民。菖蒲塘村民之间也经常切磋技艺、传授嫁接技术，相互学习、共同发展，个个都变成了种植水果专家和嫁接技术能手。尤其村里的妇女们，嫁接技术娴熟、苗木成活率高，在村"两委"的建议下，她们组建了"女子嫁接队"，提供苗木嫁接服务，并向周边群众传授嫁接技术，交流嫁接经验，指导产业发展。

三是进行产品深加工。在发展第一产业方面，菖蒲塘村通过实施田园综合体项目、高标准农田项目，不断完善产业园配套设施建设，成立了专家工作站，聘请省级专家到菖蒲塘指导产业技术，让最强的科技手段、最好的水果品种、最优的管护措施在菖蒲塘村落地生根，把菖蒲塘村卖水果、卖苗木、卖技术的"三卖"产业做优做强。为补齐第二产业短板，菖蒲塘村注重培育与引进企业，发展产品深加工，延伸产品产业链。近年来，先后创办、引进周生堂、蜡的世界、中青宝等企业，依托企业的资金、市场等优势，实现小农户与大市场的无缝对接，带动全村水果等产业产销两旺。同时，引进龙头企业，发展果品深加工，既提升果业附加值，又带动村民就业，向产业链后端延伸。

（六）多渠道拓展销售市场

为解决农产品标准化低、水果难以储存、农产品附加值低等难题，菖蒲塘村不断加强产业路和水利设施、冷链物流和仓储体系、配送体系、电商体系等产业基础及配套设施建设，持续打通和完善水果供应链，让"农产品出村"更顺畅。在水果销售渠道上，线下主要发展订单农业和借助凤凰古城的游客引流来销售水果。线上方面，充分利用"互联网+"模式，大力发展电子商务，打造"菖蒲塘水果"品牌。建立菖蒲塘村电子商务中心，采取线上和线下结合的方式，借助自媒体和电商平台，将优质农特产品在商务中心进行集中展示，着力打造凤凰县农特产品展示中心和销售窗口，培育出田香群、向黎黎等50多名"电商青年军"以及抖音网红村长"凤凰村长"周祖辉。

（七）三产融合，农旅一体化发展

菖蒲塘村发挥地理区位优势，充分利用"天下凤凰"旅游市场，实施农旅一体化战略。以菖蒲塘特色果园区为核心，融合飞水谷景区山水资源，计划打造集现代智能育苗试种区、特色果品展示区、休闲观光采摘区、生态餐饮服务区、飞水谷景点探险体验区和现代农业科技服务中心"五区一中心"为一体的农旅融合精品景区，大力发展农业休闲体验游和自然观光游，推进农旅融合发展。

结合周边旅游景点、土家文化和特色水果种植优势，菖蒲塘村积极推进农文旅相结合的体验式综合性模式，先后建好菖蒲塘村—飞水谷大道、产业观光带、文化长廊等基础设施；建成"米良一号"猕猴桃、红心猕猴桃、蜜柚、高山葡萄等一批精品果园和农业产业园；建好果园游步道和观光道路，让游客领略田园美景、体验游走乐趣、品味农业情调、了解农业文化，极大地丰富了菖蒲塘乡村游内涵。精心打造精品旅游线路，实现农业产业和旅游观光深度对接；打造高端民俗，创建"共享农家庭院"，探索"美丽乡村，分享村庄"经营试点建设，拓宽群众收入渠道。

三、经验启示

菖蒲塘村先后被评为全国先进基层党组织、全国乡村治理示范村、湖南省美丽乡村建设示范村以及湖南省休闲农业集聚发展示范村。菖蒲塘村脱贫攻坚和乡村振兴工作已成为全国的一个特色样本，多次被《人民日报》、新华社、央视等媒体报道和向全国推介。

（一）发挥党建引领作用

巩固拓展脱贫攻坚成果同乡村振兴有效衔接，关键是要切实发挥好党建引领作用，将党建贯穿于工作始终。一方面，要建强村级领导班子，"头雁"领航，"群雁"齐飞。菖蒲塘村换届时始终都坚持把村里的致富能手、专业技术骨干、创业成功人士选进村支"两委"班子，增强班子示范带动作用。另一方面，要坚持把"支部建在产业链上"，提升基层党组织的组织力量，盘活基层产业资源。菖蒲塘村继承"支部建在连上"的光荣传统，村党委积极响应县委号召，率先把党组织建在产业链上。让党员聚在产业链上"引路带跑"，推动基层党建与农村发展深度融合，牢牢地将基层党组织建设打造成为带动全体村民增收致富的"红色引擎"。

（二）重视科学技术，发展特色产业

结合当地实际情况，持续发力推动特色产业提质增效，将最强的科技手段、最好的品种、最优的管护措施融合在一起，打造特色产业的"领头羊"。同时，在产业发展中，要高度重视科技引领作用，积极探索组织化、标准化、市场化道路。菖蒲塘村通过实施土壤改良技术、科学培管技术和品种改良技术，持续优化果品果质，并着力将其打造成观光农业科技示范园，用于观赏、采摘和试验新品种，为其水果产业发展树立了一个新的标杆。同时，通过建立专业合作社、实施田园综合体项目和高标准农田项目，不断完善产业园基础设施和配套设施建设，有助于产业结构进一步优化、农业服务体系更加健全、特色主导产业更加突出，农业产业组织化、专业化程度有效提升。

（三）面向市场需求，三产融合发展

根据市场需求，打通农产品种植、加工、销售、品牌等全产业链，实现一二三产业的融合发展。同时，坚持"人无我有、人有我优、人优我转"的发展理念，充分挖掘和利用农村资源优势，打造有效的载体和平台，实现规模效益。菖蒲塘村跟踪市场需求，秉承"人无我有，人有我优，人优我转"的发展理念，不断引进水果新品种，并持续对现有水果进行品种改良、更新换代，持续调整产业结构和扩大产业规模，抢占市场鳌头，引领凤凰县水果产业发展。

富裕路上的幸福村
——黑龙江省小河东村从脱贫到振兴的华丽转身

摘要： 黑龙江省富裕县小河东村在脱贫攻坚进程中，面临产业发展缺乏可持续性、人口老龄化严重、基础设施建设薄弱等短板，小河东村充分发挥党建引领作用，立足芦苇等资源优势，发展生态产业，农业的多功能性得到一定程度的发挥，发动"菜园革命"，逐步培育"一村一品"，打造"种植，养殖，环境"共赢的新模式，逐步探索出了一条实现农业农村绿色发展乡村振兴幸福路。

关键词： 小河东村　芦苇　生态产业

一、背景情况

富裕县位于黑龙江省西部、松嫩平原北部、嫩江中游左岸，幅员面积4026平方千米，其中耕地230万亩，草原176万亩。全县辖6镇4乡，90个行政村，17个少数民族聚居村，有汉、满、回、蒙古、达斡尔、柯尔克孜等25个民族，总人口30万，农业人口17万，少数民族人口占总人口的4.5%。富裕县域内以冲击波状平原为主，主要种植水稻、玉米、大豆，素有"酒城乳乡"之称，是中国鲜奶之乡、漫画之乡、国家级卫生县城。

2014年建档立卡初期，全县有46个贫困村、9207户贫困户29888人。截至2017年年末，经过4年的集中脱贫攻坚，全县脱贫退出11071户26587人，当时富裕县未脱贫贫困户498户1072人，2018年6月通过退出专项评估，贫困发生率从16.1%降至0.63%，2014年全县贫困人口人均年收入为2597元。2020年脱贫人口人均纯收入10937元。

小河东村隶属于富裕县龙安桥镇，距县城55千米，有户籍人口713户1583人，常住人口376户902人。黑龙江省的乌裕尔河自东向西流入富裕县境后便折而向南，滋养出了扎龙湖、乌裕尔河两大国家级自然保护区，形成数百万亩湿地沼泽，苇荡密布，小河东村就坐落于乌裕尔河畔，村子周边的芦苇在微风吹拂下浩浩荡荡，一望无际。

二、主要做法

（一）面临的主要问题

1.产业发展缺乏可持续性

小河东村的芦苇产业总体上缺乏科学的规划，产业发展的可持续性不足。一是芦苇成品的销售以日本、韩国等海外市场为主，国内市场未充分挖掘，未形成自己的品牌效应，新的国内销售市场没有得到充分挖掘。二是当地芦苇品质下降，且劳动力不足导致供给确定性无法保证，规模难以扩大。三是芦苇产业以传统熏蒸、喷绘工艺为主，技术创新不足，产品较为单一，无法对接市场需求的多样性，无法形成有效的盈利模式。

2. 产业韧性不强，"输血"式发展仍是主要模式

从富裕县级层面来说，县域经济仍在低层次徘徊。产业结构性矛盾突出，一产不优，二产不强，三产不大。精品、名品少，产品质量和档次低、竞争乏力，企业盈利水平持续下降，民营经济发展不充分；仓储、物流、信息等新兴产业发展不足；行业税收支撑度不强，税收质量不高。从村级层面来讲，政策依赖性仍然较高，没有从根本上激活自身的"造血"功能。

3. 人口老龄化严重

农村年轻人口往城市流动已成为大部分地区的共性问题，小河东村尤其明显，现有户籍户数750户、户籍人口1622人；有常住户376户，常住人口834人，60岁以上的老人占70%以上。人口总量短缺和结构问题并存。全县常住人口不足18万人，且人口老龄化持续加剧，村屯"空心化"严重，村屯逐渐萎缩。小河东村城乡消费乏力，经济社会缺乏生机与活力。

4. 基础设施建设还存在一定短板

小河东村基础设施仍需要升级改造，农村基础设施仍然薄弱，公共服务质量有待提高。如小河东村目前生活污水仍然采取直排的方式，对地下和地表水造成潜在的威胁。作为生态旅游（芦苇）小镇，村庄的文化特色尚没有充分体现出来，旅游接待的基础设施建设尚不完善，小河东村的具有乡村特色的宜业宜居宜游的乡村具体规划尚未建立。

（二）用好资源优势，发展生态产业，助力乡村振兴

1. 充分发挥党建引领作用，打造"三无三有村"试点村

坚持党建引领，就是坚持党对各项工作的全面领导。从脱贫攻坚到乡村振兴，始终不变的就是党建引领。习近平总书记多次强调，要健全党委统一领导、政府负责、党委农村工作部门统筹协调的农村工作领导体制。具体到小河东村而言：以打造"三无三有村"为目标，充分发挥党建引领作用，通过实施在屯上建立党小组，将党的红色阵地建立在村里最深处，沿着党小组和农民的两条线，汇集到了幸福大院党小组，解决了村屯分散，以及村党支部发挥组织群众、宣传群众、凝聚群众、服务群众作用不明显，存在"心有余力不足"的问题，乡村治理取得新成效。

2. 芦苇产业发展带来多重效益，农业的多功能性得到一定程度的发挥

乡村的多功能性包括农业生产功能、社会功能和生态功能等。党的十九大报告提出，乡村振兴战略需要遵循"产业兴旺、生态宜居、乡风文明、治理有效、生活富裕"的新二十字方针。2018年《关于实施乡村振兴战略的意见》要求"坚持乡村全面振兴。准确把握乡村振兴的科学内涵，挖掘乡村多种功能和价值"。可见，乡村多功能性的充分发挥本身就是乡村振兴的政策目标的体现。黑龙江小河东村的特色芦苇产业的发展在一定程度即体现了农业的多功能性。

一是依托当地特色自然资源带动老弱劳动力增收，激发内生动力。2018年以来，富裕县小河东村依托丰富的芦苇资源，大力发展

芦苇编织产业，成立了芦苇编织合作社，形成了"公司+合作社+农户"运行体系，带动当地老弱劳动力增收。形成了党建引领、集体收益、户户增收的产业发展态势。二是在产业发展的同时带动生态环境改善，富裕县充分挖掘芦苇之前一直在焚烧的闲置资源变成可以创造收益的生产资源，降低了大气污染，恢复了当地芦苇荡的生态功能，加强了对湿地的保护力度，改善了当地的生态环境。三是传承乡村传统文化，提升尤其是老年农户的幸福感和满足感，在90年代初期小河东村就有传统芦苇编织技艺。村民对于芦苇编织既有感情，也有一定的技艺传承。而现今富裕县小河东村的芦苇产业利用了当地特色资源，对当地老年人来讲获得了一定的自身价值，提升了幸福感和满足感。四是创新经营模式，拓宽产销对接模式，小河东村芦苇产业坚持以市场需求为导向，以产品品质为核心，探索创新了"园区+农户居家+待料编织""合作社+农户居家+自备料编织""园区+合作社+农户家居+待料编织"三种生产管理模式，极大地提高生产效率。将原来的"上门收"销售改变成为现在的"走出去"销售，主动对接苇帘国际市场和国内市场，大大降低了销售成本，提高了销售利润，形成双管齐下的销售模式。

3. 生态产业多元发展，推动"绿水青山"转化为"金山银山"

生态振兴是乡村振兴的前提和基础，是乡村振兴中重要环节之一，是推动"绿水青山"转化为"金山银山"的关键步骤。生态旅游是近年来乡村地区带动经济发展，盘活生态资源价值的重要路径，但如何将发展乡村产业、改善乡村生态环境和提高居民的生活水平有效地结合在一起是长期中农村地区能否实现可持续发展的重要命题。

小河东村坚持"绿水青山"也是"金山银山"理念，坚持保护、利用和开发相结合原则，深入挖掘湿地、田园风光和民族文化等资源，围绕"吃住行游娱购"，挖掘就业岗位，带动特色种养，依靠生态湿地的资源优势，获批国家湿地公园，打造3500公顷的AAAA级景区龙腾生态温泉度假庄园，形成了以旅游促转型，以旅游促脱贫，以旅游促文明的绿色发展态势，在实现了产业结构由一产向三产的转型升级的同时带动当地居民的收入，使现代思想与农村文化在此充分交融，带动了当地居民生产生活方式的转变，使行为举止更加端庄文明、精神风貌更加昂扬向上，发展潜力巨大、活力十足。

4. 发动"菜园革命"，逐步培育"一村一品"

乡村要振兴，因地制宜选准富民产业是关键，20世纪70年代，"一个村庄，一个产品"战略起源于日本，使得日本大部分县的农民收入持续增长。发展"一村一品"是推动乡村产业集聚化、标准化、规模化、品牌化发展的重要途径，是提高农产品附加值、拓宽农民增收渠道的重要举措。"一村一品"建设，不仅对培育特色品牌、提高产品知名度和市场竞争力发挥着重要的积极作用，而且对发展县域经济、助推乡村振兴具有不可或缺的重要意义。

黑龙江富裕县因户因地规划，"大布局"引领"小菜园"。为推进农村"菜园革命"庭院经济发展，拓展农户增收渠道，富裕县因地制宜把"菜园革命"列入2020年实施乡村振兴战略、脱贫攻坚、农村人居环境整治和"一村一品"建设等"三农"工作重要日程，成立"菜园革命"专题推进组，制定"菜园革命"规划、奖补、实施、运营等相关政策，明确各有关部门职责，乡镇和村"两委"及驻村工作队深入农户走访调研，了解农户种植意愿，统计闲置庭院面积，因户因地指导农户规划菜园、庭院，实行"一户一图、一家一策"，引导农户庭院经济向"一村一品"方向发展，促进农民增收。

5.畜禽养殖规模化，推进种养结合，打造"种植，养殖，环境"共赢

黑龙江是我国重要的粮食生产和养殖基地，如何在保证农业生产的同时保护好黑龙江的"冰天雪地"也是发展中要解决的重要问题。近年来，以社会化服务为重点的种养结合逐渐成为推进农业绿色发展的重要议题和发展方向，在规模化、专业化程度不断提高的现代农业发展背景下，弥合种植和养殖之间的"断链"，是实现农业绿色发展的必然要求，也是传统农耕文明与现代生态文明的有机结合。黑龙江富裕县首先实施黑土地保护专项行动，实施农用地分类管理，加大基本农田耕地保护力度，采取工程、农艺、农机、生物等多种措施，确保黑土地不减少、不退化。积极推进耕地轮作试点，加快建立"三三"轮作制度。推进秸秆还田，增加有机肥施用量。加强农业面源污染治理，实施源头控制、过程拦截与循环利用相结合的综合防治。推进"两牛一猪"产业，加强畜牧业区域布局调整优化，打造以光明万头牧场、大北农生猪养殖基地等为示范的高标准畜产品生产基地，提高畜禽养殖规模化率，大力推进种养结合、农牧结合、养殖场建设与农田建设有机结合，构建"种植业—秸秆—畜禽养殖—粪便—沼肥还田"等循环利用模式。

三、经验启示

(一) 实施中长期产业发展规划，促进内生自发展

在乡村振兴的道路上要"久久为功"，既要即期收益也要长远规划，包括劳动力数量和质量的提升、产品的创新升级、市场的开拓、品牌的推广等。小河东村芦苇产业由于其独特的品质和文化渊源，已经具有一定的品牌潜力，抓好小河东生态旅游（芦苇）小镇等特色小镇建设，打造特色的乡村振兴样板。

(二) 实现农业农村绿色发展是乡村振兴的核心动力

2021年9月出台的《"十四五"全国农业绿色发展规划》明确将农业绿色发展作为实现农村现代化的重要路径，并对农业生产、生活以及农村生态都提出了具体目标。2022年中央一号文件中，首次将农业农村绿色发展放入"聚焦产业促进乡村发展中"，像小河东村这样资源禀赋较充沛且具有地方特色的地区，特别是刚刚摆脱贫困，正在寻求乡村振兴道路过程中的农村地区，要避免走先发展后治理的老路，践行"保护绿水青山就是发展生产力"的理念，不能顾此失彼。

(三) 防范农村文化流失风险，坚守农村道德底线

2022年中央一号文件特别提到了启动实施文化产业赋能乡村振兴计划。随着农村大量年轻劳动力进入城市，农村"老龄化""空心化"成为常态，农村传统文化面临着无人传承的境地，导致了乡

村文化的"空心化"、虚无感，缺少与现代文化的对接能力，农民的思想精神与道德伦理也在发生着重大转变。在乡村振兴的道路上，加强农村文化建设，提高农民精神文明风貌和思想道德素质。

（四）加强乡村基础设施建设

用好城乡建设用地增减挂钩等相关政策，加大村屯撤并力度，推进土地整理复垦、基础设施改造。实施厕所革命、污水治理革命，尽快实现村庄污水集中收集处理；实施村容村貌整治革命、垃圾治理革命，逐步完善村庄垃圾处理体系；进一步健全完善城乡一体的生活垃圾、污水、厕所粪污等综合治理体制机制。

（五）进一步加强财政资金统筹整合，拓宽投融资渠道

在农村经济扶持方面，加强对农村农民的金融基础服务，政府应将财政支出多用于本地区的重点乡镇产业企业。进一步探索中央、省级政府各部门财政资金统筹整合使用的机制，从源头上扩大统筹整合资金使用范围，加大统筹整合力度，在资金的使用上，给予地方更大的自主权。拓宽农民申请贷款范围与信贷资格，各地方政府发行本地区专用债券以推动公益性项目的建设。要在资金上帮扶乡村中致富能手，尤其是从事具有带动能力与辐射效应的行业农村致富带头人，帮助他们把企业做强、做大、做优，解决本地村民就业问题。

"强功能联结"模式下的利益联结机制
——以内蒙古自治区喇嘛板村为例

摘要：通过介绍总结内蒙古自治区喇嘛板村在脱贫攻坚时期及有效衔接期的产业发展经验，归纳在实践中生成的一种"强功能联结"模式下的利益联结机制，这一利益联结机制以"党支部＋合作社＋公司＋农户"为基本形式，以村企合作为依托，把村企合作与产业发展有机结合起来，实现了村集体、合作社、龙头企业、农户共赢，推进村集体经济迈上新台阶。

关键词：利益联结机制　强功能联结模式　党组织建设

一、背景情况

喇嘛板村位于内蒙古自治区乌兰察布市商都县七台镇西北方向，距七台镇政府所在地 10 千米，辖 7 个村民小组。截至 2020 年 12 月 31 日，喇嘛板村的社会总户数 740 户、总人口 1700 人，常住户数 237 户，常住人口 524 人。喇嘛板村所属的商都县位于内蒙古自治区中部，乌兰察布市东北部，曾属国家级贫困县、燕山—太行山扶贫攻坚片区县和自治区深度贫困县，贫困人口多、基础差、底子薄。2013 年年底，全县贫困村总数 107 个，占行政村总数的

50.5%。整体上看，喇嘛板村主要有如下几个突出的村庄特征：一是土地资源丰富、水资源短缺；二是村庄人口老龄化、空心化齐发；三是产业基础薄弱、结构单一。脱贫攻坚期间，全村建档立卡户158户375人，边缘易致贫户5户6人。在2018年年底，实现了"人脱贫、村退出"目标。

在脱贫摘帽阶段，喇嘛板村的脱贫实践兜底性质强而发展性质弱。在进入巩固拓展脱贫攻坚成果同乡村振兴有效衔接阶段之后，喇嘛板村在上级党组织领导下积极求变，调整脱贫思路，主动强化特色产业发展，积极嵌入县域经济总体发展格局。依照"党建引领、合作社带头、企业带动、村集体增收、村民富裕"的总体思路，探索出了"党支部＋合作社＋公司＋农户"的村庄经济发展运行模式，并形成了以"强功能联结模式"为核心的利益联结机制。

二、主要做法

"强功能联结模式"是一种以村庄党支部为轴心，以农民专业合作社为平台，将经营主体与农户间进行有效联结的利益联结机制，它至少包含村"两委"、农民专业合作社、公司、农户等主体。该模式以实际市场情况为根据，以最大化农民效益为原则，在不损害各方利益的前提下对具体利益联结方式进行合理调整，最终实现引进产业长期可持续发展，发展效益由经营主体、村集体、农户多方面共享。喇嘛板村的产业发展经验和利益联结机制建构充分地符合"强功能联结模式"的主要原则，体现了一种独特的减贫脱贫、产业振兴的道路。

（一）以基层党组织建设为核心，合理规划与监测村级经济发展

喇嘛板村在脱贫攻坚阶段和巩固拓展脱贫攻坚成果同乡村振兴有效衔接阶段所取得的瞩目成就，有赖于村庄党支部的组织完善和能力建设，有赖于村庄党支部对脱贫攻坚战职责的积极履行，对村一级经济发展合理的布局规划和监测。

第一，在党支部组织建设方面。喇嘛板村党支部下设3个党小组，有25名党员，支部班子成员有3人，隶属于七台镇党委。喇嘛板党支部以村"两委"换届为契机，选优配强了村"两委"班子，注重从入党积极分子、致富能手中选出工作能力、责任心强和具有开拓精神的后备干部进入"两委"，真正优化了班子结构，提高了工作效率，特别是吸纳1名研究生学历的年轻驻村干部任村"两委"成员。驻村工作队和党支部成员的有序配合在资源的优化配置、农村的有序治理以及农村公共产品和服务的有效供给等方面都发挥了积极功效。

第二，在党支部能力强化方面。喇嘛板村的党支部建设与脱贫攻坚战和乡村振兴战略的推进存在着显著的相互促进的机制。通过自上而下层层压实责任的方式，喇嘛板村将党支部建设作为一项脱贫攻坚的基础工作来抓，从而为之后引进外来产业、提升农民收入、改变村庄面貌、促进村庄发展、推进村庄脱贫提供了最基本的组织基础。

第三,党支部组织建设的优化和党支部动员能力的强化充分地加强了村党支部在村庄经济事务中的话语权。脱贫攻坚工作开展以来,村"两委"班子把产业发展和集体经济发展作为重中之重,抓在手上。村党支部和驻村工作队多方走访调研,广泛征求各方意见,引导广大群众转变思想、创新思路,激发群众投身其中的信心与热情。2019年年初确定与北京希森三和马铃薯有限公司合作,打造"一村一品"建设脱毒马铃薯原原种繁育基地。以村企合作为依托,把村企合作与集体经济发展有机结合起来。

(二)将合作社作为组织开展村庄经济实务的理想平台

喇嘛板村之所以采取"党支部+合作社+公司+农户"的模式,原因就在于党支部本身不能直接承担经济职能,而合作社才是负责具体组织开展村庄经济实务的理想载体和平台。由于喇嘛板村青壮年人口流失严重、村庄老龄化严重、经营管理人才缺乏,农民合作社的主要负责人员事实上和村党支部的成员高度重叠,呈现出"一套班子,两张牌子"的面向,但这并不意味着"两张牌子"只是一种名义上的虚设。

合作社和党支部的分离一方面保持了政经分开的原则,得以将经济事务置于合作社的制度框架内进行处理;另一方面仍然保留甚至强化了党支部对于合作社的领导,确保了基层党组织对合作社事务的监督,同时由于基层党支部和上级党组织的制度联结,也为强化合作社在企业与农户前的"议价"能力提供支撑。总的来看,喇嘛板村的农民专业合作社在统筹协调村内劳动力积极参与马铃薯原原种种植的事务中做出了大量的努力，也取得了村民的认可。

(三)发挥经营主体在"强功能联结模式"中的关键作用

在"强功能联结模式"中，经营主体的引入是最为关键的一环。尤其是对于经济基础薄弱、产业人才缺乏、发展动能不足的脱贫地区而言，自主发展新型经营主体虽有一定成效，但由于农民经济基础薄弱、承担风险能力低、生产经营技术相对落后，收益并不可观。对于脱贫地区而言，在巩固拓展脱贫攻坚成果同乡村振兴有效衔接进程中，引入一个能够充分匹配本村比较优势、充分发挥本村资源潜能的经营主体是实现乡村产业走向振兴的关键。

在喇嘛板村的"强功能联结模式"下，外来经营主体能够通过党支部领导下的合作社，充分地调动本地的劳动力，尽最大可能地利用当地适宜的土壤资源，发展马铃薯原原种培育种植产业。外来经营主体的资金注入、技术投资和人员培训，构成了喇嘛板村产业振兴的重中之重。在当下的北京希森三和马铃薯有限公司负责垫资提供种苗，全程技术指导，并采取合同价回收产品。每棚栽培种苗7万株，产原原种种薯18万—20万粒，每座大棚年纯收入达1.5万—2万元；流转农民土地240亩，每亩160元，贫困户仅流转土地一项户均收入1120元；每座大棚年租赁费3500元，村集体经济收入达到27万元。运行两年来，该基地效益明显，已成为喇嘛板村脱贫致富的支柱产业，为全面打赢脱贫攻坚战奠定了坚实基础。为进一步加强马铃薯种薯繁育体系建设，建设国家区域性马铃薯良种繁育(展示交易)基地，为全国提供优质脱毒种薯，增加村集体经济和农民收入。2020年继续按照"公司+合作社+贫困户"的发展模式和"六统一"的管理方式，集中流转土地859亩，整合乡镇扶贫资金4500万元，又新建马铃薯原原种繁育基地一处，主要用于希森6号马铃薯原原种繁育。目前已建成钢架温室大棚339座（每座占地1亩），其中256座大棚已承包给114户农户（建档立卡贫困户44户），基地由内蒙古希森马铃薯种业有限公司运营，全程负责技术指导和产品回收，喇嘛板村专业合作社负责管理经营，并与农户签订脱毒马铃薯原原种合作繁育协议。

（四）不断激发农户的积极性，追求农民利益的最大化

"强功能联结模式"的结成与发展，其核心目的在于农民利益的最大化；而农户的积极参与，则是对有序推进乡村振兴的生动诠释。

在喇嘛板村的"强功能联结模式"下，凡是有发展生产能力的建档立卡贫困户优先种植脱毒马铃薯原原种，每户租赁2座大棚每年生产脱毒马铃薯原原种5000万粒，可满足1万亩优质种薯繁育种植。同时，每年可增加全县村集体经济收入270万元，带动44户建档立卡贫困户，每座大棚年增收1.5万—2万元。目前，喇嘛板村脱毒马铃薯原原种种植基地的大棚在村内已经供不应求，在优先保障经济条件相对较差的村民能够成功申请大棚的前提下，其余的大棚已经需要通过抽签抓阄的形式来进行分配，这充分说明了喇嘛板村村民对于当前产业发展的支持和肯定，但同时也说明喇嘛板村仍有待进一步扩充业态，从而进一步地提升本村的产业能力。总

的来看，喇嘛板村的村民通过积极参与到马铃薯原原种种植产业之中，在经济收入水平上得到了显著的提升，拓宽了相对稳定的收入来源，这将有利于巩固拓展脱贫攻坚成果同乡村振兴有效衔接。

三、经验启示

喇嘛板村在实践中形成的利益联结机制以"强功能联结模式"为核心，以村党支部为轴心和纽带，有效地实现了现阶段村企间紧密的合作，走出了一条巩固脱贫攻坚成果同乡村振兴有效衔接的有效实践道路。

（一）目标相融：企业盈利与农户富裕

"强功能联结模式"首先强调目标与激励的相容。对于企业而言，尽管其承担着一定的社会责任，但仍以利润最大化为基本目标；而对于农村而言，实现农业的现代化发展、推动农村的经济水平增长，促进农民的生活质量提升、则是其引入外来产业的初衷。"强功能联结模式"在目标上要求将企业盈利与农户富裕视为一个整体，共同为乡村产业的全面振兴服务。通过作为中间组织的农村基层党组织的作用，其往往能够借助政策宣讲、组织动员等各类方式实现利益联结两端的协作共赢。

（二）机制嵌入：党组建设与村民动员

"强功能联结模式"这一利益联结模式在巩固拓展脱贫攻坚成果同乡村振兴有效衔接进程中，最突出的特征即在于党支部构成了利益联结机制的核心。在"强功能联结模式"下，加强党组建设的核心意义在其所联结的两翼均有体现。在党组—企业一翼，加强农村基层党组织的建设，有利于强化基层党组织在企业或其他经营主体前的议价权，能够尽可能保障企业的引进、运行和发展合乎农民农业农村利益最大化的根本原则；对于企业而言，农村基层党组织能力的加强使其减少了直接面对农民时显著的信息不对称问题。在党组—农户一翼，加强农村基层党组织的建设，有利于强化基层党组织对于农户的领导、动员和组织作用，能够使其积极地投入生产之中，实现与引入企业的共赢；而对于农户而言，农村基层党组织建设使得农民生产过程中的议价权得到强化，从而有助于保护农民的基本权益。

（三）结构功能适配：产业可持续发展

在巩固拓展脱贫攻坚成果同乡村振兴有效衔接进程中，"强功能联结模式"强调结构与功能的适配，要求在目标相容的基础上，以党支部作为利益联结机制的结构核心，促成市场经营主体积极投资农村农业，促进农民专业合作社积极参与村庄经济发展事业，推动农民尤其是贫困农民投入生产脱离贫困。相应的，"强功能联结模式"对"结构功能适配"的呈现总是根据不同类型经营主体的主营领域和组织特点呈现出不同的模式。但总体而言，无论特定的利益联结模式具体采取何种形式以确定利益的分配关系和保障机制以及风险的分摊关系，"强功能联结模式"下的利益联结模式仍有赖于党支部在联结市场经营主体与农民专业合作社时发挥的轴心作用。

广西"吐鲁番"的故事
——以广西省毛竹山村为例

摘要： 毛竹山村积极引进并发展葡萄种植业，已然成为广西"吐鲁番"，是全州县优质提子葡萄种植基地。该村依托葡萄产业，顺利完成了脱贫攻坚的目标。如今，为了实现巩固拓展脱贫攻坚成果同乡村振兴有效衔接，毛竹山村坚持打造产业体系、治理体系、经营体系、服务体系、生态体系于一体的"田园综合体"。依托良好的生态环境和周边丰富的红色旅游资源，正由传统的单一种植模式转向种植、销售和乡村旅游产业融合发展的新模式。

关键词： 田园综合体　三产融合　党群理事会

一、背景情况

毛竹山村位于广西省桂林市全州县才湾镇（全州县城以西），是南一村的一个自然村。该村共有46户人家，共计156人，是全州县最早开始进行新农村建设试点村之一。该村设党支部1个，党员12人。全村总面积约900亩，其中林地430亩，耕地280亩。毛竹山村位置优越，交通便利；环境优美，生态宜居；特色农业，融通三产。依托于这些优势，毛竹山村积极引进并发展葡萄种植业，该村已然成为广西"吐鲁番"，是全州县优质提子葡萄种植基地。依靠葡萄产业使该村顺利脱贫，并获评了"自治区文明卫生村""广西'绿色村屯'""桂林市十佳魅力新农村""桂林市先进基层党组织"等荣誉称号。

2021年是巩固拓展脱贫攻坚成果与乡村振兴有效衔接的开端之年。党中央决定，脱贫攻坚目标任务完成后，对摆脱贫困的县，从脱贫之日起设立5年过渡期，在过渡期内保持主要帮扶政策总体稳定，对脱贫地区产业帮扶还要继续，补上技术、设施、营销等短板，促进产业提档升级。曾经，依托葡萄产业，毛竹山村顺利实现脱贫的目标。如今，如何实现脱贫攻坚与乡村振兴有效衔接以及共同富裕仍然是毛竹山村亟须破解的难题。

二、主要做法

"田园综合体"模式是衔接脱贫攻坚和乡村振兴的可操作样本。毛竹山村的田园综合体由五大体系构成，分别为产业体系、治理体系、经营体系、生态体系和服务体系，这五大体系相互支撑，相辅相成。当前，毛竹山村正在深入打造"红色湘江"自治区级田园综合体，将产业和旅游相结合打造成全国的文旅结合的示范点，对周边的水系和山林进行整治保护好青山绿水，将乡村振兴与脱贫攻坚有效衔接以带动全县经济发展。

（一）打造产业体系

毛竹山村的产业体系包括以葡萄种植为核心的一产、以农村电商平台为支撑的二产和乡村休闲农业为支柱的三产。在以葡萄种植为核心的一产上，通过引进葡萄新品种，推广先进技术，毛竹山村的葡萄品质和产能不断提高。毛竹山村目前种植的葡萄品种以南玉、温克、金手指、阳光玫瑰为主，总产量约192万斤，总产值约1152万元。并在县农业农村局在上级业务部门和广西八桂学者、著名葡萄专家、研究员、先进葡萄科研团队的指导下，引进阳光玫瑰、妮娜皇后、瑞都红玫等优质葡萄新品种，示范推广葡萄架式改造、控产提质、水肥一体化、病虫害绿色防控、葡萄一年两收等新技术，收到明显效果。当前，全村群众种植葡萄面积从2002年的19亩增长到320余亩，全村46户家家都有葡萄园，多的有十几亩，少的也有两三亩，人均年收入达到3万元。辐射带动周边农户种植提子近3000亩，种植好后的葡萄每亩地农药、化肥总投入2000元左右，收入在每亩1万元左右。

在以农村电商平台为支撑的二产上，毛竹山村充分利用桂林市农村实用人才培训示范基地和科普示范村的有利条件，不断加强农民电商教育培训，培养新型电商农民。该村还成立了由县镇电商专家组成的志愿服务队，邀请全州县农业农村局电商技术人员开展农技服务、惠农政策等服务，定期组织电商技术讲座，对农户在售卖中碰到的难题进行指导，有针对性地进行学用转化。面对面指导，手把手示范，为农民群众开出电商"处方"，使农民群众能够更加直接、更快捷地学习到各种实用技能，打通了从电商课堂到农户之间的"最后一公里"，培育了一大批"电商通"。

在以乡村休闲农业为支柱的三产上，毛竹山村依托当地农业建设基础，推动农旅融合，发展新时代特色乡村旅游、休闲农业等产业，吸引外来游客，进一步推动当地的农业、服务业发展，增加村民经济收入，进而形成运转良好的正向循环。

（二）健全乡村治理体系

1. 基层党组织正确引领

毛竹山村在脱贫攻坚的过程中，从县政府到乡镇干部，均以习近平总书记扶贫开发重要论述为指引，坚定不移以脱贫攻坚统揽全县经济社会发展全局，牢固树立脱贫攻坚是头等大事、一号工程的思想认识，始终坚持以脱贫攻坚为大为重为先，对实施精准扶贫、精准脱贫战略，打赢脱贫攻坚战工作进行精准部署安排，态度坚决、行动得力，强势推动、责任明确，重点突出、成效显著。始终把党建工作作为脱贫攻坚的重要指引，建立健全组织动员、责任落实、政策支持、资金投入、合力攻坚、监督检查、考核评估等一套完善的脱贫攻坚制度机制，通过层层传导压力、层层压实责任，形成全党动员促攻坚的工作局面。

根据才湾镇南一村党总支书记王军荣的介绍，毛竹山村从开始的户均种植不到1亩，到现在的户均种植3—5亩，甚至有大户种植几十亩，都离不开党组织的示范带动。同时，村干部也会积极引导村民调整农业产业结构，组织"一村一品"特色产业与种植户结对，实现协会和专业合作社在政策引导、技术帮扶、增产增收等方面优势，形成统一品种、统一技术、统一销售的"三统一"产业发展经验，给种植户提供了保障，让群众看到实实在在的效益，彻底打消老百姓的顾虑。

2. 充分发挥党群理事会作用

毛竹山村在发展葡萄产业的过程中成立了党群理事会。毛竹山村党小组在村"两委"的指导下深入村屯走访群众，全面摸清党员人数、葡萄种植大户户数、外出务工人数等基本情况，广泛征求群众意见和建议，掌握村民心目中有威信、有能力的党员群众名单。召开农村户代表会议，民主选举产生党群理事会，成员由政治素质高、群众威望高、有奉献精神、热心公益事业、懂技术、会经营的7名村民组成。

党群理事会将村务治理的权力转移到村民自己手里，村民当中有能人带头，有代表话事，推行"12345"工作法，即建立"一张联系卡"，采取党领民办、群众自治"两种方式"，建立村规民约、民主议事、矛盾化解"三大制度"，紧密结合土地流转、新村建设、产业发展、平安建设"四项工作"，实行广开门路征点子、理事会议定主题、村民大会集民智、决策定决议、统一实施抓落实"五步议事"，打通基层治理"最后一公里"。在村党支部的指导下主持商议决定实施村级经济社会等事务，有效破解了自然村存在管理脱节、村民诉求渠道不畅和农村无职党员发挥作用缺平台等问题，不断提高村民自我管理、自我教育、自我服务水平。

村务被管理得井井有条，提高了种植户的生产积极性，整个村庄的村风民风也得以改善，村民们不打牌、不赌钱，都喜欢在葡萄园里转悠，邻里之间相处和睦，大事小事互相帮忙，家家户户也特别重视教育，全村146人，出了12名大学生，为打赢脱贫攻坚战创造了浓厚的精神力量。"毛竹山村的改变得益于党员干部、村民群众拧成一股绳,在不断推进乡村振兴中打下了坚实基础。"全州县委常委、政法委书记蒋龙云感慨,作为本地有名的富裕村,村民自治是毛竹山村发展的法宝。

(三)推进"党小组+理事会+基地+农户"的经营体系

经过多年的发展,毛竹山村的葡萄产业越来越成熟。党的十八大以来,毛竹山党支部充分发挥基层党组织战斗堡垒作用和党员先锋模范作用,成立了才湾镇葡萄种植协会毛竹山分会,推行"党小组+理事会+基地+农户"模式。大力发展葡萄产业,实施共同致富工程,将党组织建在产业链上,党员聚在产业链上,农民富在产业链上,积极推进乡村产业振兴,加强技术培训和结对帮扶,发展订单农业、保底收益、入股分红,持续致力于因地制宜打造葡萄种植业作为支柱产业,规模化引进高品质葡萄种植,成功地摸索出了葡萄种植业的发财致富之路。毛竹山村葡萄种植协会的成立大大促进了该村葡萄产业的发展,从种苗的选育、种植技术的普及、管理以及后期的销售,解决了葡萄种植户最关心的问题。村民们还通过开展结对共建等方式,形成产业化联合体,积累了统一品种、统一技术、统一销售的产业发展经验。

(四)加快构建服务体系和生态体系

服务体系即为以葡萄种植园为核心,依托红色旅游资源,引导餐饮、民宿、金融等服务业的支持,打造"红+绿"旅游品牌。生态体系则为生态及人居环境的保护和改善。当前，毛竹山村正在深入打造"红色湘江"自治区级田园综合体，将产业和旅游相结合打造成全国的文旅结合的示范点，对周边的水系和山林进行整治保护好青山绿水，将乡村振兴与脱贫攻坚有效衔接以带动全县经济发展。近年来，毛竹山村着力发展"红色旅游+"，融合发展新业态，推行"红+绿"品牌打造，推动"三品一标"认证，开展了葡萄采摘体验、农业休闲观光等个性化服务，打造千年古酸枣树、毛竹通道、桂花通道等一批景点，满足群众生活娱乐需求，努力实现"面上有风景，底上有产业"。同时，开展红色旅游项目，用好用活红色资源，发展壮大特色产业，稳步推进乡村振兴，促进了经济社会高质量发展。

三、经验启示

（一）延长产业链，推动三产融合发展

产业振兴不仅要注重发展现代农业，推进新型农业经营主体的发展，还要重视一二三产业的融合，促进农业产业链的延伸，增加农产品的附加值，并关注农村非农产业的发展，推动农村产业的多元化发展。同时，要进一步促进非农产业的发展，鼓励资本流向农村，特别是要促进一二三产业的融合，推动农村产业的多元化发展。从毛竹山村的葡萄产业的发展过程来看，要加强技术创新，提升产业加值，通过打造现代农业产业园，农业科技园，返乡创业园以及集循环农业、创意农业、农事体验于一体的田园综合体，建设

粮食生产功能区、重要农产品生产保护区、特色农产品优势区等。

（二）充分发挥基层党组织和党群理事会的作用

脱贫攻坚取得的伟大成果表明，党的领导是我国脱贫攻坚取得成功最大的优势。在新时期要想取得脱贫攻坚与乡村振兴的成功衔接，必须发挥基层党组织的主导作用。党群理事会是在村级党组织领导下，以自然屯为单位建立的村民自治组织，是村级自治组织的向下延伸。党群理事会已成为当地党委、政府联系群众的连心桥、党员与群众的黏合剂，是助力乡村振兴、引领群众巩固脱贫成果的"新动力"。在新时期，要实现巩固拓展脱贫攻坚成果同乡村振兴的有效衔接，必须发挥党群理事会的作用。

（三）创新经营模式，凝聚振兴合力

创新乡村振兴工作，必须从实际出发，不断创新振兴工作的新方法、新思路、新模式。毛竹山创新经营模式，推行"党小组＋理事会＋基地＋农户"模式，党组织建在产业链上，党员聚在产业链上，农民富在产业链上，凝聚多股力量形成合力助力产业振兴，增强了产业的内生动力。毛竹山村的典型案例表明，在巩固拓展脱贫攻坚成果同乡村振兴有效衔接的新时期，创新产业经营模式、凝聚多方力量具有重要意义。

（四）打造"红＋绿"农旅产业品牌

要深入实施特色产业提升工程，积极培育和推广有市场、有品牌、有效益的特色产品，形成产业化、规模化、品牌化，努力走出人无我有、科学发展、符合自身实际的道路。毛竹山村坚持以红色文化为引领，以绿色、古色旅游为基础，以乡村生态旅游为补充，以旅游基础设施及公共服务设施为依托，形成了独具特色的"红+绿"农旅产业品牌，为同样红色资源和绿色资源丰富的乡村开辟出一条乡村振兴的新路。

"三变"改革促振兴
——重庆市石柱县华溪村的实践路径及启示

摘要：开展农村"三变"改革是党中央作出的重大决策部署。重庆华溪村通过开展的农村资源变资产、资金变股金、农民变股东的"三变"改革，克服了土地贫瘠、人口空心化等不利条件，激发村民脱贫致富的动力，通过培育农村新型经营主体、引入社会资本、党建引领"三三联动"等方式，初步构建起"村办企业盈利、集体经济壮大、广大村民增收"的村域经济发展良性格局。

关键词："三变"改革　党建引领　三三联动

一、背景情况

华溪村位于重庆石柱县中益乡中部，全村海拔在800—1400米，幅员面积22.36平方千米，耕地面积3049亩，林地面积28112亩，全村辖4个村民小组，户籍人口538户1477人。在脱贫攻坚过程中，华溪村根据自身条件采取的一些措施为乡村振兴提供了有益条件。华溪村根据其自然条件和历史传统，以特色文旅为导向，大力发展中蜂、中药材和特色果树等特色产业结合当地的自然风景和土家族的民俗文化构建了协调的产业结构。同时华溪村成立了覆盖全村大多数人口和全部常住人口与贫困户的村集体经济联合社，唤醒了农村沉睡的资产、聚拢了各级分散的资金、拓宽了村民增收的渠道。

在有效衔接乡村振兴上，华溪村也面临着一些困难。首先华溪村土地零散贫瘠，村民人均耕地少，土地分散，无法连片大规模耕种，给农业发展带来难题。其次华溪村人才流失严重，村庄老龄化问题突出，60岁以上老年人占全村常住人口的18%，青壮年的流失也影响了其以养蜂为主的特色产业的发展。最后村民发展内生动力不足，致富志气不足。脱贫攻坚奔小康后，不少村民产生出小富即安的自我满足心理，缺乏积极进取精神和对追求更高层次需求的动力。

二、主要做法

（一）落实防返贫机制

一是落实动态摸排机制。严格落实"四个不摘"要求，对帮扶责任人未在中益乡境内的脱贫户，增派1名村干部或者驻村干部对接帮扶，每月定期进行入户排查，非脱贫户由驻组干部进行排查，结合"两不愁三保障"回头看大排查、防止返贫监测帮扶集中大排查，重点排查是否有脱贫不稳定户、边缘易致贫户和严重困难户，目前全村暂无此类户。

二是落实研判处置机制。按照"1353"动态监测机制，将入户走访排查发现的问题进行分类汇总，每月定期召开会议进行专门研判处置，若涉及"两不愁三保障"及饮水安全问题，村级能解决的则及时研判、及时解决，村级不能解决的则及时上报并落实专人跟踪对接进展情况，确保发现1个解决1个。目前共收集各类问题128个、解决128个。

三是落实救助保障机制。将村集体经济联合社每年的30%收入作为村级"两不愁三保障基金"，按照"一事一议"原则，对全村年度个人医疗自费超过1万元的或突发灾害事故的或特别困难的家庭，以及全村70周岁以上老人给予相应救助，目前村级"两不愁三保障基金"已累积23余万元、共支出3.79万元。

（二）巩固"三变改革"成果

一是重点发展农旅产业。持续巩固"三变改革"成果，严格按照相关技术标准和要求，做好全村脆桃、脆李、黄精、吴茱萸、木瓜、荷花等1300余亩在地产业的管护工作。围绕"蜜蜂小镇"主题定位，完成蜜乐园、老屋坝研学基地、金溪沟入口精神堡垒、金溪书屋、蜜蜂科普馆、初心学院、中蜂养殖标准化示范场等项目建设，有序推进"中华蜜蜂谷"系列项目、莼菜种植基地整治、初心小院院落提升等工作，推动全村农旅融合发展稳步推进。

二是盘活农村资源。在促脱贫攻坚与乡村振兴衔接期间，华溪村深度挖掘文化旅游资源，不断扩展了农村资源内涵。首先深度挖掘文化资源，华溪村有序推动谭家院子戏台建设，培育壮大华溪土戏非遗队伍。深度挖掘中华蜂蜜文化，通过在农房外墙画漫画或蜜蜂科普馆展示等方式，不断传承"守蜂人"精神。组建40余人华溪村坝坝舞队、腰鼓队，组织评选勤劳致富、乐于助人、公道正派等 10 名华溪年度榜样，通过积极营造浓厚文化氛围，不断提升村民精神文化水平。其次深度挖掘旅游资源，华溪村通过清理，全村新增溶洞、天坑、溪流、奇峰、缺门山、蛮王寨等旅游景点 10 处和古树 15 棵、古庙遗址 1 处、古桥 1 座等文化旅游资源。华溪村是土家族世代居住生活的场所，土家风情、民俗文化作为旅游资源，可以通过"三变"改革开发利用，为村民增收奠定基础。

三是建立"三变改革"红利分享制度。首先，建立贫困农户与新型农业经营主体的利益共享机制。在土地入股、合作社分红等领域优先照顾贫困人口，如 293 户土地入股村民中，有贫困户 73 户，入股土地 302 亩，占入股总土地的 27.8%。2018 年华溪村有 77 户 284 人实现脱贫，脱贫人数占贫困人口的 94.4%，2019 年其余贫困人口将全部脱贫。其次，建立脱贫攻坚与乡村振兴有机衔接机制。积极探索建立兼顾股东、困难群众、村集体利益共享机制，华溪村股份经济联合社收入的 60% 为全体社员分红，30% 作为村扶贫济困基金用于为困难家庭开发公益性岗位和临时救济，10% 作为村集体公益金。293 户村民将 1088 亩土地流转给中益旅游开发有限公司，每户村民可按照地力情况（田 500 元 / 亩、地 400 元 / 亩、撂荒地 300 元 / 亩）每年享受保底分红，2018 年入股农户户均分红 1300 元。让村民在分享改革红利中奔富裕，让乡村在"三变"改革中获振兴。

四是要多措并举防范风险，保驾"三变改革"。农村改革经不起折腾，农民的事情来不得马虎。"三变改革"初期，农村产业平台承受自然风险、法律风险和金融风险的能力较弱。首先要建立自然灾害防范制度。华溪村制定产业技术服务规划,聘请市级科技特派员1名、农艺师3名,成立负责管护技术培训、病虫害防治等日常管理的产业技术服务小分队5个,实现1名技术人员指导1个产业、1名驻村干部服务1个产业,用科技的力量降低病虫害等带来的生产风险。投入10万元购买黄精产业自然灾害保险,对冲自然灾害对农业生产的影响。其次是建立农产品滞销防范制度。引进顺德农业专业合作社、泰尔森公司、泽泰合作社等市场主体,实行订单收购,探索"远山结亲""田间天猫"等电商扶贫模式,线上拿订单,线下组织生产,畅通农产品销售渠道,实现"卖得出、卖得远"。最后是健全法律风险防控制度。聘用本村走出去的法律人才为"三变"改革法律顾问,规范"三变"改革流程,完善土地承包经营权入股合同,发放股东权证,帮助企业完善合同协议等各类手续,减少法律纠纷风险。投入2.7万元购买劳动力人身意外伤害保险,降低企业赔偿风险。

五是不断壮大集体经济。华溪村与县农业公司签订合作协议,由其负责村集体公司产品销售工作。新注册"益点甜蜜"蜂蜜商标并升级丰富产品,及时变更SC认证、优化生产管理模式,推动扶贫车间重新运营。通过"周末扶贫集市"、淘宝、京东、农行e融通、惠生活等平台,以及消费扶贫单位采购、到访团队线下超市采购等方式,目前已销售农副产品200余万元,村集体经济正在不断壮大。

（三）围绕乡村振兴目标，统筹推动重点工作

一是建立健全基层组织。组建华溪村社会治理专班，完善为民办实事工作机制，建立群众矛盾化解、群众议事、群众奖惩斗硬制度，构建完善华溪村社治理体系。搭建华溪村党建共建工作室，组建"妇女之家""儿童之家"文化阵地，强化"贵和工作法"有效运用，用好妇女代表、村民代表、乡贤等基层力量，推动华溪村基层组织体系不断完善。

二是发挥党建引领作用，建强基层战斗堡垒。首先，持续开展党史学习教育。制定全村党史学习年度任务清单，组织在家党员开展党史集中学习7次，村集体为民办实事18件、党员干部个人办实事20件，通过电话、微信等方式督促外出党员进行党史自学，确保党史学习教育党员全覆盖。其次，严格执行"三会一课"制度。顺利完成村支"两委"、监督委员会、妇联换届选举，新一届支部已召开党员大会10次、支委会7次、开展支部主题党日活动6次、支书上党课2次、召开专题组织生活会1次，新发展入党积极分子7名、预备党员3名、正式党员2名。脱贫攻坚驻村工作队与乡村振兴驻村工作队顺利交接。最后，切实用好党建共建平台。与4个党支部新建立党建共建关系，与餐饮商会签署万企兴万村带动100家农家乐帮扶协议，筹办"中益乡华溪村迎'七一'建党100周年党建共建活动"，为华溪村乡村振兴发展收集到诸多有益建议，华溪村支部战斗堡垒不断建强。

三是吸引培育各类人才。乡村振兴归根结底是华溪村累计引导

26名青年人才返乡创业就业，组织在家村民参加中蜂养殖、手工艺品制作、厨师等职业技能培训，对低保、特困人员、脱贫户等人群，根据意愿有针对性地推荐参加培训，组建小蜜蜂志愿者等三方人才机构开展种养殖等服务，招募社会工作服务团队，吸引人才齐聚华溪，助力全村乡村振兴发展。

四是全力打造美丽村落。严格执行垃圾清运、保洁机制，用好全日制、非全日制公益性保洁员岗位，确保全村道路环境整洁干净。以人居环境整治提升为契机，围绕提升蜜蜂文化氛围，对全村房前屋后庭院进行美化。以金溪沟入沟公路为主线，沿途布置优质蜜源及观赏性植物，对道路、森林、撂荒地以及"四旁"进行彩化、香化，村容村貌焕然一新，宜居生态、美丽乡村正在形成。

三、经验启示

（一）培育农村新型经营主体

推进"三变"改革，培育市场经营主体是关键。充分发挥市场在资源配置中的决定作用，培育市场经营主体充分利用市场规律是实现乡村振兴的重要途径。通过建立村集体经济组织实现村"两委"领导，村民入股，在实现对村庄资源的整合和集中配置，实现规模化、产业化经营的同时，又能通过土地保底分红、村集体务工、返承包种植等方式拓宽村民的增收渠道，在提升村民积极性的同时为村民提供兜底保障。同时，通过这样的方式，能够把分散经营的农户组织成为对接大市场的载体，增强村民在市场中的竞争力，提高村民的风险承受能力，带着村民实现产业扶贫和乡村振兴。

（二）社会资本的参与

社会资本参与是实现乡村振兴的重要力量。一方面，社会资本的注入能够帮助村民创造客观的经济效益，实现社会扶贫。通过与企业公司的合作使村民在发展产业方面获得企业的资金、技术、品牌支持，将市场竞争的风险转移到企业中以增强村民承担市场风险的能力。另一方面，社会资本与村集体的对接能够缓解村集体的资金压力，扩大产品市场。通过社会资源帮助乡村进行基础设施建设、打造集体产业，以解决由于村集体原始积累不足导致集体产业缺少资金、技术，产业发展受到阻力的问题。

（三）党建引领的"三三联动"机制

农村要发展，农民要致富，关键靠支部。要积极发挥党员的引领带头作用，构建以"三三联动"抓党建促脱贫攻坚机制，以党建联动村集体和村民群众，充分发挥党支部战斗堡垒作用和党员先锋模范作用。首先要发挥基层党员干部"领头羊"核心带头作用，切实发挥农村基层党组织的领导核心和战斗堡垒作用。其次要通过党建引领，党员示范的方式，在集体经济中深化利益联结，充分调动各方面的积极性。以深入人民群众和以身作则的方式，构建村民共同意识和责任意识，筑牢村支部和群众的情感纽带。

（四）"三变改革"盘活资源利用

"三变"改革，是指通过农村资源变资产、资金变股金、农民变股东，改变利益机制、资源使用机制，把农村集体和农民个人的资产盘活，是对农村基本经营制度的补充和拓展。通过实施"三变"改革，能够将资源优势转化为经济优势，变政府社会帮扶"输血"为农民集体抱团发展"造血"，促进集体经济发展和农民增收。华溪村通过三变改革初步构建起了"村办企业盈利、集体经济壮大、广大村民增收"的村域经济发展良性格局，解决了"两不愁三保障"，彻底改变了原先落后的生产生活面貌，实现了带领村民脱贫致富奔小康。

文旅融合助力乡村振兴
——青海省尖扎县德吉村案例

摘要： 几年前，德吉村由于地质条件恶劣、自身发展动力不足等原因，导致群众生产生活条件异常艰苦，严重制约着摆脱贫困的步伐。在乡村振兴背景下，县政府认真梳理致贫症结，创造性地发展文旅融合，通过坚持政府统筹规划、加强基础设施建设、科学规划全域旅游、精耕文旅融合之田、加大宣传推介力度，助力乡村振兴，彻底消除村庄的贫困根源，成为全省易地扶贫搬迁后续产业发展最为璀璨的一颗明珠，形成了制度化引领文旅融合、多元化发展乡村产业、旅游化发展乡村资源的乡村振兴文旅融合的模式与经验。

关键词： 乡村振兴　特色产业　文旅融合

一、背景情况

德吉村位于昂拉乡东部，距离尖扎县城约8千米，与美丽的昂拉千户府邸隔河相望，群众寄寓对未来美好生活的向往，故起名为德吉村。在实施易地扶贫搬迁之前，德吉村只是黄河边的无名荒滩，满地的碎石和荒土，了无人烟，没有人可以想象到这里以后会成为251户946名贫困群众赖以生存的新家园。青海省尖扎县属于"三区三州"深度贫困县。2015年年底，尖扎县精准识别出34个贫困村，建档立卡贫困户2558户9642人，贫困发生率为22.44%。全县除沿黄河几个乡镇外，多数乡镇位于浅山地区，相当一部分贫困群众居住在海拔3000米以上、生存条件恶劣、生态环境脆弱、"一方水土养不好一方人"的深山区。那里交通条件落后，劳动生产以半农半牧或纯牧业为主，山区土壤结构以湿陷黄土为主，地质灾害频发，致贫原因多样，群众生产生活条件异常艰苦，严重制约着摆脱贫困的步伐。

为彻底消除这部分群众的贫困根源，尖扎县认真梳理致贫症结，提出了"山上问题山下解决"的易地扶贫搬迁安置思路，因地制宜、科学谋划、强力推进，通过政府引导、群众自愿、市场运作，以乡村旅游为龙头的后续产业发展迅猛，成为全省易地扶贫搬迁后续产业发展最为璀璨的一颗明珠。

二、主要做法

（一）坚持政府统筹规划，打造良好乡村旅游品牌

为了实现"搬得出、稳得住、能致富"的目标，尖扎县采取"文化旅游+精准扶贫"的模式，形成了县政府牵头、村民出力的文旅融合格局。依托搬入地地理资源的独特优势，发展乡村旅游产业，开发了水上游乐、露天沙滩、垂钓等娱乐项目，打造了百亩观赏性花海和蔬菜、果品农事体验园等。

一是以"旅游+扶贫让生活更幸福"为主题,举办2018年青海省乡村旅游暨扶贫产业启动大会。其间开展了黄河水上体验游、特色文艺节目表演、赏花农事体验、品尝地方美食、旅游商品展示、五彩神箭射箭表演及体验、观赏能科德乾草原花海及色彩农业游览、郭庄舞表演和篝火晚会等丰富多彩、特色鲜明的系列活动。

二是认真开展德吉景区运营管理工作。为确保景区的正常运营和管理,县政府制定下发了《2018年德吉村乡村旅游运营方案》,成立德吉村乡村旅游运营领导小组,进一步加强乡村旅游工作的组织领导,并设立了9个工作小组,全力保障景区的正常运营。

三是实施德吉村30户农家乐改造提升,安排16户贫困户在景区入口、出口、停车场等区域和观光车驾驶员工作,每人每月发放补助500元。招聘导游讲解和演艺人员26名(其中导游讲解员6名,演艺人员20名)。

四是购置自行车5辆、沙滩椅10个,分配6户贫困户自行管理运营,增加收入。

五是争取民建青海省委会和青海栖美文化品牌策划有限公司对德吉景区新建花海捐赠价值40余万元的稻草人乐园。

六是先后选派15名农家乐从业人员和4名导游讲解人员参加全州旅游产业人员培训班。

七是举办2019年第二届"民族团结进步·五彩神箭杯"搏击格斗争霸赛。此次赛事是继"五彩神箭"国际民族传统射箭邀请赛后尖扎县打造的又一大型体育赛事,本届比赛的顺利举办不仅延伸和扩展了"五彩神箭"文化品牌,而且对推动尖扎文化旅游业发展、促进民族团结进步具有十分重要的意义。

八是启动 2019 年黄南州乡村旅游启动大会暨"德吉杯·五彩神箭"射箭赛。其间开展了 2019 年黄南州乡村旅游启动仪式；品藏茶，尝地方美食活动；旅游商品及农产品展示活动以及"德吉杯·五彩神箭"射箭赛等系列活动。

九是成功举办全球海拔最高的国际铁人三项赛，为乡村旅游凝聚了人气。宣传推介尖扎县文化旅游资源，努力扩大和提升"大美青海，灵秀尖扎"的品牌影响力。

（二）加强基础设施建设，夯实乡村旅游发展基础

在推进乡村旅游发展中，尖扎县全力打造旅游产业集群和精品旅游路线。先后实施了尖扎县游客服务中心、坎布拉运动休闲特色小镇、青春瀑布文艺创作基地、能科景区旅游基础设施建设等一大批文化旅游项目群，引进了"云上拉德"、来玉民宿等项目。

（三）科学规划全域旅游，全面加快乡村旅游开发

围绕"省内大众游、省外高端游"这一全省旅游产业发展定位，将乡村旅游作为推动全域旅游、大众旅游的突破口和切入点，重点打造昂拉乡德吉村、当顺乡古什当村、能科乡德欠村、康杨镇城上村等精品乡村旅游景点，策划环尖扎至贵德乡村旅游精品游、黄河廊道精品两日游等一批精品线路和尖扎县旅游大环线、南部旅游环线和四条小环线等六条旅游环线，构建全域旅游新格局。德吉村被评为"国家森林乡村""全国乡村旅游重点村"和国家 AAA 级

旅游景区。推动了全县乡村旅游提档升级，初步形成了产业、旅游、生态相融合的发展格局，闯出一条具有时代特色、尖扎特点的文旅融合发展新路子。

（四）精耕文旅融合之田，增强乡村旅游发展后劲

充分发挥德吉景区对乡村旅游的带动作用，积极发展景区周边乡村旅游，着力打造景区景点与乡村旅游联动发展的有效平台，实现乡村旅游链条式、连片式、一体化发展。今年五一期间，德吉景区游客人数、旅游收入分别创新高。实施康扬"城之上·花千谷"为主题的旅游扶贫项目，修建了文化广场、休闲广场，开发了"青年林"土窑烧烤区；自办农家乐10户，积极开展农家乐技能培训；积极发扬贤孝、花儿等民间说唱艺术，举办文化旅游、社火表演等宣传推介活动；引进苹果妹妹（青海）农牧科技开发有限公司，创立了城上村《浪青海》原创音乐基地；挖掘城上村民俗文化，精心打造康杨镇烧土窑主题游活动，提供农场种植、烧农家窑、温棚采摘、农家住宿、农家KTV等服务，打造城上村"吃、喝、游、住"为一体的乡村旅游线路，这些措施在吸引外来游客到城上村观光旅游的同时，让广大村民享受到乡村旅游带来的"红利"。

（五）加大宣传推介力度，提升乡村旅游品牌形象

充分利用各种宣传平台，创新宣传方式，加强乡村旅游宣传推介力度，扩大了乡村旅游的知名度。拓宽宣传渠道，加强与省州各新闻媒体单位衔接和协调，通过电视、报刊、网络等平台，宣传推介全县文化旅游资源。先后在今日头条、抖音、快手、"黄南旅游""尖扎宣传""尖扎融媒"等平台进行大力宣传报道，努力扩大文化旅游宣传面；参加西宁、天津、上海等地举办的 2021 年"西域胜境·神韵黄南"文化旅游资源专场推介会，全方位展示尖扎文化旅游的魅力与活力；投入使用"尖扎县全域旅游环境展示图"和智慧旅游 VR 合景展示二维码标识牌；制作"大美青海·灵秀尖扎"旅游宣传册，成功举办 2021 年中国黄河"溯源之旅"铁人三项系列赛暨青海·尖扎黄河国际铁人三项挑战赛，着力打造乡村旅游品牌，全面展示了特色乡村面貌，使德吉村成为宣传地方品牌的一张"金名片"。利用多种方式和多个平台，大力宣传推介我县文化旅游资源，使"坎布拉、五彩神箭、灵秀尖扎"三大旅游品牌形象不断凸显，"五彩神箭 灵秀尖扎"的品牌影响力不断提升。

三、经验启示

德吉村在民族文化融合旅游发展过程中，逐渐成为集易地搬迁、乡村振兴、文旅融合、社会管理和民族团结进步的示范区。通过对德吉村背景、做法的概括归纳，形成具有启发意义的经验启示。

（一）制度化引领文旅融合，完善乡村顶层设计

加强乡村顶层设计，就需要有效发挥政府作用，对乡村振兴的方式、路径与机制进行统筹规划。文旅融合背景下助推乡村振兴，主要方式包含了文化挖掘、旅游利用与城乡流动等递进方式。通过

对乡村文化的挖掘、利用、塑造达到文化与旅游的紧密结合；在路径上，应在合理的资源路径、产业路径与功能路径下助推乡村振兴。在机制上，文旅融合需沿着"要素—结构—功能"脉络通过资源、产业与功能路径在要素增值机制、结构优化机制与功能提升机制下助推乡村振兴。

（二）多元化发展乡村产业，促进群众脱贫增收

乡村的生产类型是丰富的和多元的，有多样化的种植业、养殖业；有丰富多彩的乡村手工业；有大田的农业生产，还有房前屋后种瓜种豆的庭院经济；更有现代社会发展形成的乡村休闲度假等新型产业类型。在乡村振兴过程中需要充分挖掘各类乡村产业，在多元发展乡村产业经济的过程中实现持续增收，稳定脱贫。

多元化发展各类产业，可以在基础设施建设中积极融入民俗文化、射箭文化、黄河文化、农耕文化等元素，大力挖掘休闲广场、码头、自驾游营地、露天沙滩、婚纱摄影基地、花海、农耕体验、农家乐、小吃广场等旅游后续产业项目，并通过招商引资的方式，引进企业下乡，通过市场化运营的方式促进群众增收。以"高效务实、开拓创新"为经营理念，并依托旅游产业带动，以"文旅融合＋精准扶贫＋乡村振兴"的模式带动德吉新村更多贫困户就业，引导群众走旅游脱贫之路。

（三）旅游化发展乡村资源，促进乡村治理有效

乡村资源旅游化一方面能够促进村庄经济发展，另一方面能促

进乡村治理体系立体化。发展文旅融合发展使得乡村事务日趋复杂化、多元化，但在旅游化各乡村资源的背景下，能够促使多主体协同治理乡村，乡村治理体系将由原来单纯的村民自治，加入旅游企业治理、旅游组织管理等其他治理形式，驱动乡村治理体系立体化发展。乡村资源旅游化背景下，乡村文旅融合发展将在一定程度上夯实集体经济，集体经济组织在乡村资源配置上也被赋予了更多的权限，将使得集体组织得以强化。以村支"两委"、村民代表大会为主要载体的村民自治组织的治理能力为适应新形势的发展也将得以增强。

第四章 专题案例

早发现、早干预、早帮扶
——防止返贫监测和帮扶案例研究

摘要： 要想牢牢巩固住来之不易的脱贫攻坚成果，就必须不断完善防止返贫监测和帮扶机制，精准识别监测"三类人群"，精准实施帮扶政策。如何更好地、更快地识别出"三类人群"并进行监测，如何优化审核认定程序，如何精准帮扶并激发监测对象的内生动力，等等，这些都是各地在防止返贫工作中面临的关键问题。针对这些问题，各地积极探索，通过精准确定监测对象、优化完善识别程序、审慎判定风险消除、严格压实领导和督导等方式推动防返贫监测工作不断深入。与此同时，各地在巩固原有帮扶措施的基础上不断创新帮扶手段，多渠道筹措帮扶资金，分类施策，通过精准化、多样化的帮扶措施及时化解监测户的返贫致贫风险，形成了一系列经验做法，以期为其他地方开展防止返贫监测和帮扶工作提供有益借鉴。

关键词： 防止返贫　监测帮扶　经验做法

2020年，我国脱贫攻坚取得伟大胜利，但是必须清醒地认识到，目前还有一些脱贫户的发展基础比较脆弱，持续脱贫能力不足,脱贫稳定性较差,存在较大返贫风险;一些边缘户不符合纳入建档立卡系统未享受建档立卡户一系列优惠政策、帮扶措施,抵御风险能力较差,面临致贫风险。如何更好地对这一部分人群进行监测和帮扶,不仅关系到我国脱贫攻坚成果的巩固与拓展,更影响到乡村振兴战略的实施。

一、背景情况

2019年年底,在开展年度扶贫对象动态管理时,原国务院扶贫办安排基层扶贫部门开展易致贫返贫人口的摸排工作,全国摸排了近300万边缘易致贫人口、近200万脱贫不稳定人口,并开展了针对性帮扶,防止这些风险户致贫返贫。在2021年2月15日召开的全国脱贫攻坚总结表彰大会上,习近平总书记提出"对易返贫致贫人口要加强监测,做到早发现、早干预、早帮扶"[①],为防止返贫工作提供了根本遵循。

为了牢牢守住不发生规模性返贫底线,党中央、国务院及相关部委出台了一系列政策,为防止返贫工作提供了政策依据。2020年12月16日,中共中央、国务院出台《关于实现巩固拓展脱贫攻坚成果同乡村振兴有效衔接的意见》,指出要着重从建立健全长效机制方面,对巩固拓展脱贫攻坚成果进行部署,坚决守住不发生规模性返贫的底线。2021年5月16日,中央农村工作领导小组印发了《关于健全防止返贫动态监测和帮扶机制的指导意见》,明确提出

---

① 《在全国脱贫攻坚总结表彰大会上的讲话》,《人民日报》2021年2月26日。

了健全防止返贫动态监测和帮扶机制是从制度上预防和解决返贫问题、巩固拓展脱贫攻坚成果的有效举措。

在防止返贫实际工作中，各地积极探索，不断创新，形成了一系列值得借鉴的经验做法和典型案例。本专题系统梳理了江西省新余市、江西省石城县、湖南省新化县、云南省曲靖市、云南省镇雄县、甘肃省东乡县、河北省秦皇岛市等地区在防止返贫监测和帮扶方面的经验做法和特色亮点，以期为其他地方开展防返贫工作提供有益借鉴。

二、主要做法

防止返贫监测和帮扶机制是一整套动态的、系统性的机制。在各地的实际工作中，需要首先对易返贫致贫人口进行识别监测，然后再根据监测对象的实际情况进行针对性帮扶。在识别监测工作中，各地以问题为导向，从"监测谁""如何监测""如何退出"以及"责任落实"等实际监测过程中的关键问题着手，探索出了诸多好经验好做法。在对监测对象的帮扶工作中，各地在巩固原有帮扶措施的基础上不断创新帮扶手段，多渠道筹措帮扶资金，分类施策，精准帮扶，及时化解监测户的返贫致贫风险，提供了一系列可供推广的经验做法。

（一）地方实践与创新推动防返贫监测前行

一是精准确定监测对象，解决"监测谁"的问题。按照中央顶层设计确定三类监测对象。各地按照《关于健全防止返贫动态监测和帮扶机制的指导意见》确定了脱贫不稳定户、边缘易致贫户，以及因病因灾因意外事故等刚性支出较大或收入大幅缩减导致基本生活出现严重困难户（也就是工作中通常所说的"三类人群"）。重点关注有大病重病和负担较重的慢性病患者、重度残疾人、失能老年人口等特殊群体的家庭。与此同时，各省（自治区、直辖市）依据自身的经济发展水平和财政能力制定了相应的监测范围。此外，各地还制定了不予认定的"负面清单"。同脱贫攻坚时期一样，防返贫监测对象的识别纳入除了有予以认定的条件，也有不予认定的"负面清单"。

二是优化完善识别程序，解决"如何监测"的问题。脱贫攻坚完成后，对于防返贫监测工作中监测对象的识别，各地不再只是单纯依靠基层干部"跑断腿"，而是多管齐下、多措并举，形成了"自下而上"和"自上而下"全覆盖、多样化的监测对象识别方式。第一，拓展了认定渠道。一是注重以困难群众为中心，探索开通了多种困难农户喜闻乐见的自主申报渠道，充分发挥困难农户自身意愿与内在动能。二是注重以干部队伍为抓手，通过县、乡、村三级干部、驻村工作队以及网格员的排查走访，具体落实监测和帮扶责任到人，充分发挥了基层干部的主观能动性和灵活机动性。三是注重以信息化数据比对为手段，通过信息化系统的运用和行业部门间的数据比对，充分发挥行业部门信息数据的全面性和真实性。四是注重以社会监督为辅助，通过网络媒体和信访等信息的收集反馈，充分提高社会大众的参与感和责任感。第二，优化了认定程序。防返贫监测工作开展以来，各地不断探索新路径、新程序，《关于健全防止返贫动态监测和帮扶机制的指导意见》(以下简称《指导意见》）增加了承诺授权、民主公开和风险消除三个环节，既是依法行政的必要，也是推进工作的需要。各地围绕此《指导意见》优化了程序。河北省在认定程序上，按照实事求是、民主公开原则，对新增监测对象履行4步认定程序。江西省新余市则是进一步压缩公告公示程序和时间，实现乡、村两级同时公示。

三是审慎判定风险消除，解决"如何退出"的问题。返贫致贫风险的消除作为防返贫工作的最后一环，重要性不言而喻。截至今年3月底，已有近70%的监测对象消除了返贫致贫风险。各地在风险消除的判定指标、程序方式等方面进行了探索创新，形成了诸多典型的地方经验。例如新余市坚持运用信息化平台，进行风险解除的比对工作。在帮扶一段时间后，运用本市信息化核对平台和各部门信息系统，比对监测对象"两不愁三保障"实现情况。对消除返贫致贫风险且稳定实现"两不愁三保障"目标的监测对象，及时解除返贫致贫风险；对未消除返贫致贫风险的监测对象，继续加大帮扶力度。此外，在风险消除的判定过程中，各地都实现了风险消除程序的公开透明。第一，各地都适当地遵循了帮扶消除风险的客观规律，根据每一户不同的返贫致贫情况，确保风险完全消除之后，才进行相关标注工作。第二，有些省市在监测对象致贫风险消除后，根据监测对象的不同情况设定了一段时间的"观察期"，消除风险但不消除政策，逐步退出帮扶政策。

四是严格压实领导和督导，解决"责任落实"的问题。一分部署，九分落实。各地按照《指导意见》部署要求，细化工作方案，压紧压实各级特别是县级党委和政府，以及各有关部门的责任，积极推动各项任务落地见效。例如，甘肃省东乡县高度重视防止返贫动态监测和帮扶工作，县委书记亲自抓，县委副书记专职负责，情况摸得清，部门责任压得很实。江西省石城县专门成立了由县委书记任组长的巩固拓展脱贫攻坚成果同乡村振兴有效衔接工作领导小组，建立了"周四调度会"和"周五监测帮扶日"制度，每周对防返贫工作及逆行总结、部署，对问题进行研判、商讨，确保了问题及时发现、及时解决。

（二）各地创新帮扶确保不返贫不致贫

一是"两不愁三保障"基本延续原有政策措施，夯实巩固脱贫攻坚成果。教育保障方面，各地基本延续脱贫攻坚时期的政策措施，强化控辍保学工作，提升义务教育质量，重视职业教育。医疗保障方面，重点关注监测户的参保情况，排查是否存在因病导致生活困难情况，并及时进行帮扶救助。住房安全保障方面，持续做好住房安全动态监测和住房质量提升工作，部分地区特别关注农房抗震改造和特殊群体的住房安全问题。饮水安全保障方面，重点排查是否存在饮水工程建后不通水、水源水量不足或枯竭、水源水质污染、管护不到位等情况。

二是持续推进产业帮扶，重在规避市场风险和利益联结"断链"风险。各地在产业帮扶方面，有以下四个特征：持续推进脱贫地区产业发展，鼓励脱贫户发展自种自养项目。强化构建"带得准""带得稳"的紧密型利益联结机制。注重产业生产经营技能培训，提升产业发展科学性。完善风险防范处置措施，规避产业风险。

三是拓展就业渠道，提高劳动技能，稳岗就业防返贫。各地把稳岗就业工作作为防止返贫的主要措施，通过就业支持实现防返贫，主要是坚持现有的帮扶措施，包括帮助外出和创造岗位等。与此同时，利用和加强已经建立起的就业支持渠道、工作机制以及管理信息系统，提高就业效率，降低失业风险。有以下特征：完善和加强对农村劳动力转移就业的支持和服务。采取积极措施提高劳动技能，促进高质量就业。落实帮扶对象的求职补贴和用人单位的优惠政策。

四是把搬迁集中安置区作为防止规模性返贫的重点区域，做好后续扶持工作。各地把搬迁集中安置区作为防止规模性返贫的重点区域，对安置区易返贫人口实行常态化监测，根据监测对象风险类别、发展需求落实针对性的帮扶措施。围绕"两不愁三保障"问题，满足搬迁户居住和生活基本需求；补齐基础设施和公共服务短板，实现配套保障；最重要的是，通过就地就近就业、扶贫车间和工厂园区等举措，实现易地搬迁群众稳定就业。

五是完善兜底保障，织密兜牢丧失劳动能力人口基本生活保障底线。针对特殊困难群体、无劳动力或弱劳动力人口，各地加强保持社会救助兜底保障政策总体稳定的基础上，加强低收入人口动态监测，完善分层分类的社会救助体系，适度拓展社会救助范围，创新服务方式，提升服务水平，切实做到应保尽保、应救尽救、应兜尽兜，减少返贫风险和新致贫风险，不断增强困难群众获得感、幸福感、安全感。

六是广泛开展农村精神文明建设主题活动,通过教育引导促进动力增强。各地引导监测对象通过生产和就业增收致富,注重典型引领和示范带动,对自强不息、稳定脱贫的监测对象,探索给予物质奖励和精神激励,进一步激发内生动力;积极推进乡风文明建设,持续发挥村规民约作用,倡导赡养老人、扶养残疾人、关爱留守妇女儿童等良好社会风尚。

三、经验启示

脱贫攻坚结束以来,各地因地制宜,不断探索防止返贫新路径、新机制,牢牢守住了不发生规模性返贫底线,脱贫成果得以巩固、拓展,从各地防止返贫监测和帮扶的工作实践来看,有以下经验启示。

(一)坚持把党的领导贯穿于防止返贫监测和帮扶工作的始终

中国共产党的领导,是中国特色社会主义最本质的特征,是中国特色社会主义制度的最大优势,是中国能够打赢脱贫攻坚战的最根本制度保证,也是当前防止返贫监测和帮扶机制成功建立和有效发挥作用的决定性因素。正是因为坚持党对防止返贫工作的集中统一领导,才有效统一思想认识,形成一致行动,推动全党全社会关心易返贫群体,为2020年以后构建防止返贫监测和帮扶机制、巩固拓展脱贫攻坚成果提供坚强的政治保证。

（二）坚持各部门通力协作形成防止返贫监测和帮扶的良性互动机制

各部门通力协作，这是做好防止返贫工作的重要前提。具体落实中，各地党委农村工作领导小组牵头抓总，各级乡村振兴部门履行工作专责，相关部门根据职责做好信息预警、数据信息共享共用和行业帮扶，共同开展部门筛查预警和监测帮扶，共同推动防止返贫监测和帮扶政策举措落地落实。

（三）坚持政府主导与社会参与相结合形成防止返贫监测和帮扶的多方合力

人心齐，泰山移。防止返贫是一项艰巨而复杂的系统工程，不仅仅是政府的事，也是全社会的事，需要动员社会力量的广泛参与，充分发挥政府、市场和社会的作用，强化政府责任，引导市场、社会协同发力，鼓励先富帮后富、守望相助。防止返贫继续发挥东西部协作、对口支援、中央单位定点帮扶等制度优势，动员社会力量积极参与，创新工作举措，对监测对象持续开展帮扶，形成返贫治理的强大合力，汇聚全社会合力治理返贫的磅礴力量。

（四）坚持构建大数据为核心的管理平台提升防止返贫监测和帮扶的实时性和准确性

防止返贫监测和帮扶的"大数据"不仅找准了防止返贫监测和帮扶对象，解决了"监测谁"的问题，也为回答"怎么扶"的问题提供了坚实的基础信息。利用大数据平台,实现了常态化筛查,及时发现可能导致的返贫风险。对确实有风险的,会按照缺什么补什么的原则,精准制定措施进行帮扶。

(五)坚持严格考核评估提升防止返贫监测和帮扶的有效性

将防止返贫动态监测和帮扶工作成效作为巩固拓展脱贫攻坚成果的重要内容,纳入乡村振兴战略实绩考核范围,强化考核结果运用,有助于及时发现解决突出问题,同时让考核"指挥棒"作用充分发挥,确保管党治党事有人干、责有人担,引领各级领导班子和领导干部在实践返贫治理的前进道路上不迷失方向,瞄准把向,精准发力。

搬得出、稳得住、能致富
——易地扶贫搬迁安置区社区治理典型案例研究

摘要： 易地扶贫搬迁为打赢脱贫攻坚战、实现第一个百年奋斗目标做出了重要贡献。易地扶贫搬迁是一项复杂的社会系统工程，"搬得出、稳得住、能致富"是一个长期磨合和社会适应的过程，"搬得出"只是完成了第一阶段目标，后续扶持和社区管理才是决定成败的关键。易地扶贫搬迁安置区社区治理较为普遍的存在"管理难、适应难、融入难"的问题，针对这些各地积极探索，以党建引领、制度引领、信息化手段，建设政府管理和公众参与相结合的基层治理模式，推动社区公共服务便捷化、均等化、高效化，促进搬迁群众积极融入社区，取得了一系列易地扶贫搬迁安置区社区治理好经验好做法，为建设搬迁群众安居乐业的幸福新家园做出具有重要启示。

关键词： 易地扶贫搬迁　安置区　社区治理　经验做法

易地扶贫搬迁为打赢脱贫攻坚战、实现第一个百年奋斗目标做出了重要贡献。当前如何能够实现搬迁群众"稳得住、能致富"是摆在易地扶贫搬迁扶持工作中的重大议题。从山西省五寨县百梦园小区、贵州省兴义市栗坪社区、江西省修水县姜家坳安置区和湖北省宣恩县龙河安置点等易地扶贫搬迁点社区治理实践来看，各地探索形成了易地扶贫搬迁安置区社区治理的好经验好做法，可以作为易地扶贫搬迁安置区巩固拓展脱贫攻坚成果同乡村振兴有效衔接的有益参考。

一、背景情况

"十三五"期间，国家把易地扶贫搬迁作为脱贫攻坚重中之重的工作统筹推进，完成960多万人易地扶贫搬迁，为打赢脱贫攻坚战、实现第一个百年奋斗目标做出了重要贡献。采取集中安置方式的达到756.9万人，占易地扶贫搬迁总人口的78.4%。6户以上的集中安置点（区）3.5万个，800人以上的大型安置点1567个。易地扶贫搬迁人口中属于城镇化安置的超过62%。

易地扶贫搬迁是一项复杂的社会系统工程，涉及面广、政策性强，特别是大型安置点集中安置，给搬迁群众的生产生活方式、思想观念、生活习惯等带来重大改变。"搬得出、稳得住、能致富"是一个长期磨合和社会适应的过程，搬迁入住只是完成了第一阶段目标，后续扶持和社区管理才是决定成败的关键。

为此，2020年10月，民政部联合8个部门印发实施了《关于做好易地扶贫搬迁集中安置社区治理工作的指导意见》，提出健全党组织领导下的自治、法治、德治相结合的治理体系，完善社区服务功能，拓宽就业渠道，促进社区融入，构建全周期后续扶持机制，努力把安置社区建设成为安居乐业的幸福新家园，让搬迁群众稳得住，逐步能致富，获得实实在在的好处。

二、主要做法

《关于做好易地扶贫搬迁集中安置社区治理工作的指导意见》提出，到 2022 年，以党组织为核心的安置社区组织体系全面建立，社区综合服务设施基本完善，搬迁群众能够就近办理公共服务事项，有序参与社区治理，有效融入新社区生活；到 2025 年，安置社区治理体系和治理能力全面加强，社区综合服务设施建设和公共服务水平进一步提升，搬迁群众获得感、幸福感、安全感进一步增强。

当前，如何让易地扶贫搬迁人口"稳得住、能致富"是巩固拓展脱贫攻坚成果的关键。要"稳得住"就必须有一个舒适的日常生活环境，但是易地扶贫搬迁人口在安置区生活生产往往存在"管理难、适应难、融入难"的困难。为有效解决这些问题，各地进行了大量的探索和实践，取得了一系列好经验好做法，概括起来主要包括以下几个方面。

一是以党建引领为核心，推动易地搬迁安置区各项治理事务提质增效。易地扶贫搬迁人口为主组成的社区，尤其是人口众多、来源分散、民族混杂的大型社区，群众融入困难，社区文化缺失，搬迁后遗留的政策性问题多，加强社区管理的任务比其他社区更显重要。农村基层党组织作为安置区发展的主心骨，在政治引领、经济进步和力量整合等方面发挥着不可替代的作用。各地的大型安置区以党建引领为核心，探索创新"基层党建＋社区管理＋群众自治"治理模式，建立"街道书记＋社区书记＋片区长＋楼栋长"的网格化管理模式，实现每个搬迁家庭都有一名党员联系，采取"日访、周访、月访"的精细化管理制度等方面下足了功夫，有力促进了安置社区的和谐稳定。

二是以制度引领为原则，建立健全易地搬迁安置区管理制度体系。易地扶贫搬迁涉及户籍迁移和生产生活方式变动等，尤其是涉及医疗、教育、养老等关乎群众切身利益的公共服务供给。打赢脱贫攻坚战以后，国家没有设立关于易地扶贫搬迁后续扶持的专项投入，扶贫资金投入力度将不可避免地减弱，安置区的提质堵漏措施面临着资金难题。各地有效落实党中央、国务院决策部署，进一步加强易地扶贫搬迁集中安置社区治理，做好易地扶贫搬迁后续扶持工作。比如，贵州省通过构建培训就业服务、基本公共服务、社区治理、文化服务、基层党建"五个体系"，实现了安置区基层组织、管理组织、文化活动场所和安全防控全覆盖。

三是以智能信息为法宝，切实提高易地搬迁安置区社区治理效率。社区治理的服务要准确精细，网格化的治理模式必不可少。顺应时代发展的潮流，部分大型安置区在网格化管理工程中加入互联网手段，将互联网资源与社区资源相结合，在社区内借助信息化手段，有效提升了安置社区的管理和服务效率。如织金县建立了易地扶贫搬迁大数据平台，该平台整合了易地扶贫搬迁后续管理和帮扶平台、搬迁群众身份平台，通过分布在安置区的4个摄像头进行无感抓拍、人脸自动识别、自动分析预警等措施，形成了返贫监测与公安大数据管理的无缝对接。

四是持续监测为手段，有效防止易地搬迁安置区出现规模性返贫。易地搬迁脱贫群众是防止规模性返贫的重要群体，把搬迁脱贫群众务工规模和收入稳定住，对巩固拓展脱贫攻坚成果至关重要。大型安置区人口高度集中，对安置地就业形成较大的压力，因此，各地安置区均把防止搬迁群众规模性返贫的特殊群体作为重点监控对象，把集中安置区作为防止规模性返贫的重点区域，对安置区易返贫人口实行常态化监测。各大型安置区基本建立了防返贫工作体系，通过从建立监测平台、建立工作台账等多角度筑牢监测网，密切关注经济形势变化、自然灾害、重大公共卫生事件等突发情况，及时采取针对性帮扶措施，实现精准帮扶。

五是以群众满意为根本，推动易地搬迁安置区社区管理服务高效便捷。搬迁后，往往存在人户分离的情况，对于这部分村民要么是迁出地和迁入地"双重管理"，要么是迁出地和迁入地均"无人管理"。各易地搬迁安置区探索创新基层管理体制机制，打造"一门式"办理、"一站式"服务的社区综合服务平台，推进"最多跑一次"改革。比如，山西省五寨县在每个迁出地乡镇设置一个专门办公地点，社保、医保等政府服务部门各派出一名工作人员驻场办公。过去搬迁户办手续两地跑，办事务全县跑，现在是政府人员服务上门，安置区群众不出社区就可以办理各种事务。

六是以均等全面为目标，推动易地搬迁安置区生活服务设施不断成熟。目前来看，易地扶贫搬迁人口的医疗、养老、教育等基本社会公共服务仍然需要持续不断的资金投入，目前只是解决了公共服务设施的建设和短期普及问题，如何持续正常运转还有待进一步完善。城镇化安置是易地扶贫搬迁的重要方式，为推动搬迁群众与城市原住居民公共服务均等化，各地城镇化安置区设立了警务室、便民超市、邮电所、银行、电商服务站、集贸市场，为丰富搬迁群众文化生活、开展素质教育、促进社会融入提供了良好环境，部分万人以上的特大型安置点还设立了街道办事处。

七是以协商治理为理念，推动搬迁群众更好地融入新的社会治理环境。大型安置点搬迁群众来自不同的地方，陌生感强，往往不关心社区事务、公共事务的人。加之有能力有条件的家庭成员往往外出务工，留在家中的多为老人妇女儿童，社会参与意识淡薄。这些因素汇聚增加了易地扶贫搬迁人口融入新社区的难度。在易地扶贫搬迁安置点都不同程度地利用协商治理机制，致力于化解矛盾及维护稳定。协商治理机制包括重大决策群众参与制度、信息公开制度、议事协商制度、搬迁群众中选拔楼长和办事员制度等等。基本形成民事民议、民事民办、民事民管的多层次基层协商格局。搬迁群众的知情权、参与权、表达权、监督权等民主权利得到切实保障，群众的呼声和难处及时上达并得到解决，社会环境越来越融洽。

八是以道德规范为基础，高质量推进易地搬迁安置区精神文明建设。搬迁群众由"村里人"转化为集中居住区的"社区人"，对垃圾、污水、燃料等都开始有行为约束。群众不能再利用附近空间发展家庭养殖、社会邻里关系不熟悉、社会关系网络疏离，都会对群众心理产生负面影响，同时一些老人觉得故土难离。从地方管理实践来看，发扬时代精神、树立新风文化在安置区社区治理中发挥了十分重要的作用。易地搬迁，成为新市民、开始新生活，就必须接受新的生活准则和道德规范。各地集中安置区不同程度地通过制定和完善自治章程、强化政策宣传、推进文明示范社区创建工作，营造"移旧俗、除陋习、尚科学、倡新风"的良好社会氛围，培养易地搬迁群众的参与意识、公共意识、责任意识、规则意识和合作精神，形成社区共同价值，增强了农村居民群众的社区认同感和归属感。

三、经验启示

截至 2020 年，全国易地扶贫搬迁任务已经基本完成，"十四五"时期易地扶贫搬迁工作重点由"搬得出"转向"稳得住、能致富"。这一阶段，集中安置区的工作要求是推动搬迁群众由最基本的生存需求和脱贫考核需求向高层次的发展需求和融入需求转变。各地实践具有如下几个特征和启示。

一是易地扶贫搬迁安置区社区治理是一个综合性工程，需要政府、市场和社会协同治理。首先，与普通社区相比，集中安置区社会结构复杂、贫困户占比高、低保户人口多、残疾人数量大，更加需要发挥基层党组织在社区管理中的核心作用。其次，随着易地扶贫搬迁安置区运营逐渐成熟，社区物业服务走向市场是必然的趋势。目前，多数安置区没有收取物业费和水电费，但是大型安置区电梯和楼道照明等设备设施损坏均有维护需求，为保障社区长期健康可持续发展，社区物业管理需要有效融入市场机制。最后，易地扶贫搬迁安置区是居民生活互动空间，从安置区社区治理已有实践经验来看，为有效化解社区生活中不可避免的矛盾，探索保留原有农村生活中的邻里协商、民事民议、民事民办、民事民管等民主议事决事机制很有必要。

二是易地扶贫搬迁安置区社区治理需要向改革要动力，不断创新基层治理体制机制。易地扶贫搬迁打破了搬迁群众传统生产生活方式，这一新的生活方式需要制度和社会规范的协调和适应。从制度层面来看，易地扶贫搬迁群众是在短时间内快速聚集在一起的，导致户籍、土地、金融等制度改革的滞后性。因此，易地扶贫搬迁安置区社区治理需要始终坚持人民至上的价值理念，持续深化改革，在制度层面实现创新、突破和适应。从社会规范层面来看，易地扶贫搬迁安置区具有不同于传统村落的人际互通模式，社区治理需要抓住这一社会变迁特征，通过思想建设和道德规范重塑，强化搬迁群众的社区认同感和归属感。为此，依托民族文化节庆活动、广场舞、评比活动等方式宣传社区文化和政策是可行而且必要的。

三是易地扶贫搬迁安置区社区治理需要聚焦短板，抓住重点，不断推动社区高质量治理。首先，防止规模性返贫是易地搬迁安置区社区治理的难点和重点。易地扶贫搬迁安置区社区治理应持续强化落实动态管理机制，依托脱贫攻坚大数据平台，对搬迁脱贫群众就业情况开展专门的动态监测，做到底数清、情况明。其次，尽快补齐公共基础设施和便民服务设施短板。集中安置区要补齐交通、供水、供电、信息网络等基础设施短板，大型和特大型安置区要尽快实现幼儿园、文化中心、物业管理、便民服务中心、托老中心、体育设施、社区安防、电子商务交易点等便民服务设施逐步覆盖。最后，易地搬迁后，社区基层组织需要重新建设和磨合，当前的重点是提高搬迁安置区党务、社区治理的人员配置标准，补齐干部力量，设立相应的工作经费，确保安置区社区治理机制有序运转。

是什么、怎么管、谁来管
——扶贫项目资产管理使用案例研究

摘要：党的十八大以来，中国在打赢脱贫攻坚战过程中投入了数以万亿计的各类扶贫资金，形成了规模庞大的扶贫项目资产。如何加强对扶贫项目资产的管理，确保长久稳定发挥效益，成为当前亟须解决的一项重大问题。基层在扶贫项目资产管理实践过程中还存在着扶贫项目资产"是什么""管什么""怎么管""谁来管"等一系列问题。针对这些问题各地进行了一些卓有成效的探索，例如，统筹协调各部门人员职责，明确扶贫项目资产管护主体责任；划分资产类型，明确扶贫资产产权归属；研判市场风险，确保扶贫项目资产保值增值等，形成了一系列经验做法，以期为其他地方优化扶贫项目资产管理使用提供有益借鉴。

关键词：扶贫项目资产　管理使用　经验做法

打赢脱贫攻坚战后，巩固拓展脱贫攻坚成果、全面推进乡村振兴成为新阶段"三农"工作的重点，而管好用好扶贫项目资产，是巩固拓展脱贫攻坚成果的重要支撑，是衔接推进乡村振兴的重要内容，是切实维护群众根本利益的重要要求。如何加强对扶贫项目资产的管理使用，确保长久稳定发挥效益，成为当前亟须解决的一项重大问题。

一、背景情况

党的十八大以来，中国在打赢脱贫攻坚战过程中投入了数以万亿计的各类扶贫资金，形成了规模庞大的扶贫项目资产。扶贫项目资产为"扶贫而生"，也要为"帮扶所用"。

围绕加强扶贫项目资产管理、使用和监督，党中央出台了一系列政策文件。例如，2020年12月，《中共中央 国务院关于实现巩固拓展脱贫攻坚成果同乡村振兴有效衔接的意见》明确将加强扶贫项目资产管理和监督作为建立健全巩固拓展脱贫攻坚成果长效机制的一项重要举措。2021年5月，国家乡村振兴局、中央农办、财政部三部门联合出台了《关于加强扶贫项目资产后续管理指导意见的通知》（国办函〔2021〕51号），从具体工作层面对扶贫项目资产管理给予指导。

为落实中央政策部署，加强和规范扶贫项目资产管理工作，各地开始积极尝试和探索，形成了一些卓有成效的经验和做法。本专题系统梳理安徽省金寨县、安徽省望江县、四川省南江县、四川省蓬溪县和陕西省扶风县（以下称"三省五县"）在扶贫项目资产管理上的经验做法和特色亮点，以期为其他地方优化扶贫项目资产管理提供有益借鉴。

二、主要做法

扶贫项目资产管理地方实践过程中，以问题为导向，以扶贫项目资产管理实现管得住、用得好、起作用、能增值、可持续为目标。各地加大政策支持和工作力度，取得了一系列好经验好做法。

（一）做好统筹协调文章，让"谁来管"更加明确

目前，地方基层在扶贫项目资产管理上存在多头监管和多头都不监管的问题。一是财政扶贫资金整合后，个别项目类别不归属原资金渠道部门监管，一些新接受监管职责的部门对其他资金投入形成的资产在监管责任落实上较模糊；二是部分地方扶贫项目资产管理主要由乡村振兴部门负责，但其本身不是专业主管部门，在指导上专业性不够。

从三省五县的地方实践来看，解决"谁来管"的问题，要做好统筹协调这篇文章。主要做法有，进一步明确行业部门在扶贫项目资产管理工作中的职责，从上至下形成长效管护体系。统筹村级扶贫项目资产与"三资"管理，将扶贫项目资产纳入到农村集体"三资"平台，强化动态和信息化管理。进一步统筹整合部门职能和人员，优化管理机构。给镇、村两级更大的人事权，吸纳人才参与到扶贫项目管理中来。例如，安徽省望江县努力实现"三明确"，即明确管理主体、明确管护责任、明确监管责任主体，强化日常管护、规范运营"保"收益；陕西省扶风县建立责任清单，明晰县、镇、村三级责任，明确资产"谁来管"的问题。

（二）区分类型明确归属，让"理得清"更有依据

目前，地方基层在扶贫项目资产管理上存在"缺依据"和"理不清"的问题。我国扶贫资金渠道多、投向广，所形成的扶贫项目资产分布广泛、复杂多样。地方基层很难制定一套相对科学统一的确权方法体系或操作手册。尤其是对 2015 年前相关扶贫项目资产的追溯确权，更是由于资金来源、资产形态、存续时间等存在较大差异，导致一些资产权属不清、责任利益不明、管护主体不明，确权工作难以开展。

从三省五县的地方实践来看，让"理得清"更有依据，要区分类型明确归属。主要做法有，建立扶贫项目资产数据库和信息管理系统，以县为单位，通过逐一清理、登记、确权等方式，尽快追溯和界定历史资产权属。针对在建和将建的扶贫项目，根据农村集体产权制度改革的总体要求，按照"明确所有权、放活经营权、确保收益权、落实监督权"的总体要求，从源头明确各类扶贫项目资产的权属关系。例如，安徽省金寨县通过开展"三个界定"，即界定资产范围、界定资产类型和界定资产权属，明确扶贫项目资产"管什么"；安徽省望江县严守"产权归属"关，将扶贫资产重点分为经营性资产和非经营性资产两类。坚持"谁受益、谁管护"的原则，所有扶贫资产一次确权到位。

（三）多主体参与拓渠道，让"管得好"更有保障

目前，地方基层在扶贫项目资产管理上存在"没钱管"和"不

愿管"的问题。各地在大力提倡通过增加村集体经济收入，提取部分公益金作为公益性资产管护资金的前提下，仍然不足以保障资产管护运行。而且公益性扶贫项目资产中，除安全饮水可收取水费，人居环境可收取垃圾费外，其他涉及道路、文化、体育、幸福院等扶贫项目资产基本属于无收益性资产，缺乏管护资金，"不愿管"的问题突出。

从三省五县的地方实践来看，让"管得好"更有保障，要多主体参与拓渠道。主要做法有，健全政府主导、市场运作、社会参与的公益性基础设施管护机制，多渠道筹措项目运行、维护及维修费用，逐步实现管理工作市场化、专业化。将公益性扶贫项目资产维护纳入财政预算，逐项落实扶贫项目资产管理任务，逐环节落实扶贫项目资产管理责任，逐级建立项目工程管护组织和管护队伍，切实解决"重建轻管"问题。例如，四川省南江县建立扶贫项目资产领导小组，切实建好组织领导机制、经费保障机制、督查考核机制，统筹推进资产管理工作。陕西省扶风县"五种模式"抓管理，确保扶贫项目资产管得好、能增值。针对公益性扶贫项目资产，采用"1+7"管护模式，整合农村管护事务，设立管护岗位，确保公益性资产持续发挥作用；针对经营性资产采用四种运营模式，有意愿、有能力、有基础的村集体可采用"自主经营"模式，自主选择产业项目经营，具备一定产业发展基础的可与产业化龙头企业合作采取"村企联建、政府统筹"模式，村集体、企业与村、农户建立利益联结机制，依托扶贫项目资产让企业引领发展产业；缺乏自主经营能力、不具备村企联建条件的村可采取"保底分红""股份合作"模式对经营性资产进行运营、获取收益。

（四）研判风险精选产业，让"保增值"更具韧性

目前，经营性扶贫项目资产效益不高，发展后劲不足问题突出。由于农副产品受疫情和市场行情影响，价格波动较大，环保和土地政策制约较大，加之一些产业配套设施差，缺乏冷链物流设施等因素，导致部分经营性扶贫项目资产不能达到预期收益。

从三省五县的地方实践来看，让"保增值"更有韧性，研判风险精选产业。主要做法有，立足本地资源条件，选准产业、择优主体，提升特色扶贫产业质量，构建民主决策和市场选择机制，解决主体带贫能力弱的问题。加强产业发展风险研判，健全多主体、多渠道的风险分担机制，设立风险补偿基金，拓展指数保险、收入保险等在扶贫项目资产管理领域的运用，有效防范和化解资产面临的各类风险。例如，陕西省扶风县"三色管控"防风险，确保扶贫项目资产安全不受损。根据扶贫项目资产的不同安全风险等级，在资产台账中实施"绿色、黄色、红色"三色标注、实时管控（"绿色"代表资产运行正常，"黄色"代表资产有闲置或资产流失的风险，"红色"代表资产已经出现流失、受损等问题），及时采取应对措施，坚决防止出现扶贫项目资产闲置、流失、浪费和滋生腐败等问题。

（五）优化收益分配方案，让"固脱贫"更可持续

目前，扶贫项目资产还存在带贫能力不强的问题。一是在确定

扶贫项目资产的受益主体、股权配置和分红比例时，公开、民主、透明的程序不够规范。二是存在主体监督作用发挥不充分、对村集体成立公司监督不到位、发展产业同壮大集体经济和激发贫困群众内生动力结合不够紧密、扶贫项目资产难以持续发挥带贫效应等问题。

从三省五县的地方实践来看，让"固脱贫"更可持续，要优化收益分配方案。主要做法有，资产收益重点用于巩固拓展脱贫攻坚成果和全面实现乡村振兴，继续保持资产的助贫和公益属性，确保收益主要用于改善农村低收入人口的生产生活条件，支持农村人居环境改善、村级公共事业建设、公益事业发展等乡村振兴关键领域和薄弱环节。由村集体通过设置公益性岗位等方式进行二次分配，适时调整受益对象，有效激发群众内生动力。例如，安徽省望江县严管"收益分配"关，明确经营性扶贫资产形成的收益归集体所有。收益大部分用于为贫困户开发公益性岗位，对贫困户中无劳动能力、残疾、大病等困难群体适当进行补助，剩余部分收益用于贫困村公益性事业建设。

三、经验启示

2020年以来，各地扶贫项目资产总体上完成了"摸底确权"，扶贫项目资产管理工作重心向"管好用好"转变，向扶贫资产要效益转变，从三省五县的扶贫项目资产管理地方实践来看，有以下经验启示：

（一）坚持结果导向，实现扶贫项目资产有效管理

确保扶贫项目资产在巩固拓展脱贫攻坚成果、全面推进乡村振兴中持续发挥效益是加强扶贫项目资产管理的根本目的。从地方实践来看，在推进扶贫项目资产管理工作中，扶贫项目资产管理做得好的地区，始终坚持结果导向，强化顶层设计、明确目标任务、夯实工作基础，采取强有力的措施，确保扶贫项目资产管理工作有力有序有效推进；坚持结果导向，各级政府积极出台指导意见、支持政策、操作指南等管理文件，建立健全扶贫项目资产管理制度体系，为完善扶贫项目资产"管得住、用得好、起作用、能增值、可持续"提供了政策制度支撑。

（二）坚持分类管理，实现扶贫项目资产精准管理

在扶贫项目资产科学分类和权属明晰的基础上，健全完善分类别、差异化的扶贫项目资产管理制度体系，不断细化完善扶贫项目资产全流程管理办法，以差异化、细致化管理推进扶贫项目资产管理工作精准化，将扶贫项目资产管理落到实处。各地根据扶贫项目资产的资金来源、资产类型、受益范围等，精准把握不同，对于不同类型扶贫项目资产分类施策，做到了科学确定管理模式，宜统则统，宜分则分，确保既满足扶贫项目资产管理的要求，又符合国有资产、农村集体资产管理的相关规定。对公益性资产管理侧重于管护、运维，确保资产稳定持续发挥公益性服务作用；对经营性资产侧重于盘活、运营，确保资产保值增值、产生收益。

（三）坚持试点引领，实现扶贫项目资产稳健管理

试点先行、示范引领是扶贫项目资产管理工作破局开路的重要经验，对扶贫项目资产管理全面铺开、不断完善具有重要突破、示范和带动作用。各地根据前期工作基础选取试点县，坚持问题导向，鼓励试点县先行先试，及时总结试点经验，进一步统一思想和标准，通过出台管理办法、召开培训会、现场会等形式，将试点取得的好经验、好做法在全省进行示范推广和深化完善。试点先行、以点带面、逐步推广，逐步完善提升扶贫项目资产管理的政策体系、工作机制，是有序有效推进和完善扶贫项目资产管理后续工作的重要措施。

（四）坚持上下联动，实现扶贫项目资产协同管理

扶贫项目资产管理需要统筹协调构建起上下联动、横向协同的工作机制。调研各省坚持"省负总责、市县乡抓落实"的原则，成立专门机构或领导小组来负责扶贫项目资产管理工作，省、市、县各级政府统筹协调，高位推动，压实县（区）主体责任，为资产管理提供了组织保障。建立政府部门间的横向协同配合机制，各级乡村振兴部门负责具体工作的牵头抓总，各级行业主管部门承担资产指导和监管责任，乡镇村协同配合抓具体落实，齐抓共管形成合力，有序有力地推进了扶贫项目资产管理工作。

（五）坚持群众参与，实现扶贫项目资产阳光管理

在充分尊重群众意愿的前提下，发挥受益群众的主体地位和作用，通过不断完善群众参与扶贫项目资产管理的民主议事决策机制，在确权、管护运营、收益分配、资产处置、监督管理等各个环节通过实行民主决策、民主管理、民主监督，切实保障群众对扶贫项目资产的知情权、决策权、管理权、监督权，让群众既是扶贫项目资产的受益者，也是扶贫项目资产管理的参与者。各地将扶贫项目资产管理、公益性岗位开发和资产收益分配有机结合起来，资产收益主要用于项目运营管护、村集体小型公益事业建设或支付低收入群众劳动报酬，把群众有效嵌入到资产管理的利益链条中。通过政府门户网站、乡村公示公告栏、手机 APP 等多种形式，对扶贫项目资产管理情况及时公告公示，充分发挥社会和群众的监督作用，提高资产管理工作透明度，确保扶贫项目资产管理工作在阳光下运行。

新征程、新模式、新作为
——东西部协作案例研究

摘要：东西部协作缘起于改革开放后东部和西部发展的不平衡，是推动区域协同发展的大战略，也是一种具有中国特色的、实现共享发展和共同富裕的重要方式。党的十八大以来，在习近平新时代中国特色社会主义思想的指导下，中央和地方不断探索，进一步深化完善东西部协作的体制机制和政策举措。基层实践中在产业扶贫、就业扶贫、消费扶贫、教育和健康扶贫以及社会动员方面探索出了一些新模式，促进了结对双方互惠共赢，为决胜脱贫决战小康注入了强大动力，也为新时代开创东西部协作新格局提供了可供借鉴的经验。

关键词：东西部协作　脱贫攻坚　乡村振兴　经验做法

一、背景情况

东西部协作始于1996年的对口帮扶，经过2016年在银川召开的东西部扶贫协作会议的强化，实现了从倡导性制度到规则性制度的转变，并成长为一项具有中国特色的"发展制度"。脱贫攻坚期间，东西部协作在打赢脱贫攻坚战中起到了至关重要的作用。东西部扶贫协作为东西部人才交流、引进资金、技术经济合作、产业合作、劳务合作、社会力量提供了政策导向和支持。仅就资金支持来看，据统计，截至2020年，东部9省（直辖市）向西部地区输送财政资金和社会帮扶资金共计1005亿元，东部地区企业通过产业协作向西部扶贫协作地区投资额累计超1万亿元。

打赢脱贫攻坚战后，东西部协作成为巩固拓展脱贫攻坚成果、全面推进乡村振兴的重要抓手，成为推动区域协调发展、促进共同富裕的重要举措。为在"十四五"期间进一步发挥该制度的优势、巩固脱贫攻坚成果、促进乡村振兴有效开展，党的十九届五中全会将这一制度从"东西部扶贫协作"改为"东西部协作"，并明确指出"十四五"期间要进一步坚持和完善该项制度。因此，在这一背景下总结东西部协作制度的实践做法和经验启示，有助于进一步优化东西部协作工作、提升协作实践效果，进而促进乡村振兴，推进共同富裕。

二、主要做法

东西部协作在中央推动、地方实践过程中，各地加大政策支持和工作力度，在组织推动、资金监管、模式创新、产业协作、党建引领、评价考核等方面形成了一系列行之有效的体制机制和经验做法。

（一）高位推动顶层推进，构建东西跨区域横向联动机制

中央关于东西部协作一系列政策、文件的出台标志着东西部协作已成为实现共同富裕的国家战略，这进一步提升了地方政府对协

作工作的重视和落实。在中央确立东西部协作关系之后,东西部省市陆续开展部署工作,构建了东西部跨区域横向联动机制。主要做法有:一是成立东西部协作省级领导小组,二是召开由省级领导参与的"东西部协作"专题会议和活动,旨在通过党政主要领导的高位推动、顶层推进、亲自部署,体现东西部协作运行的强组织、高站位,进而推动协作进程更顺利、协作成果更显著。以东部天津市、山东省和西部甘肃省协作为例。在省级层面,天津市建立东西部协作和支援合作领导小组,山东省建立对口支援和扶贫协作领导小组,甘肃省建立省委农村工作领导小组(省实施乡村振兴战略领导小组)。与此同时,东部和西部双向发力,天津市、山东省为了便于在甘肃省顺利开展工作,分别对前线工作的组织架构进行安排。天津市建立对口支援甘肃工作前方指挥部,山东省建立协作甘肃干部管理组。东部省份以前方指挥部为基础,能协调、集聚更多资源投入到东西部协作之中,便于采取更有针对性的东西部协作举措,以保证东西部协作的实施效果。

(二)分级负责制监管项目资金,确保资金用在刀刃上

为提高协作资金使用绩效,加强和规范东西部协作资金管理,在实践中探索出一系列协作资金的管理、使用和考核办法。主要做法只有:按照"谁管项目、谁用资金、谁负主责"的原则落实东西部省份的责任,采用资金项目信息化方式对协作资金和项目进行动态监测,采用资金项目绩效管理方式督促资金项目执行进度,采用信息公开与社会监督的方式对协作资金和项目形成社会监督等。以

甘肃省为例,受援市(州)乡村振兴、财政部门每季度向省乡村振兴局、省财政厅报送资金使用情况,每年4月底前报送上年度协作资金绩效评估报告,并同时抄送东部协作方牵头部门、财政部门以及前方工作机构。省、市级相关部门要定期对下级部门就东西部协作资金使用情况开展"五查五看"。一查协作资金流向,看资金使用是否准确、是否聚焦;二查协作资金流量,看资金有无挤占挪用或闲置浪费;三查协作资金流速,看有无资金拨付缓慢、滞留或以拨代支;四查协作资金监管,看有无违纪违规使用资金,造成严重损失浪费;五查责任落实,看市县有无监管责任缺失等问题。

(三)创新东西部协作模式,深化拓展合作领域

适应形势任务的变化,东西部协作参与主体不断探索协作新模式。一是建立"财政帮扶资金(市、区)+金融+社会资本"资金整合模式。成立帮扶投融资平台(公司),从财政帮扶资金中拿出一定比例成立投融资平台,吸引社会资金参与,交付基金公司托管,由专业团队负责运营,为企业提供贷款支持、进行适度的担保和经营补贴。鼓励证券机构为满足上市条件的企业提供指导和服务,扩宽企业融资渠道,引导龙头企业对接资本市场上市直接融资。二是推动政企联合,完善县、乡、村三级物流配送体系。东西部协作双方共同出资(或土地),与物流配送骨干企业联合建立区县一级的高标准仓储物流基地,加强物流资源跨区域、连片化整合,推进区县一级(或园区)仓配一体化和共同配送。政府出资部分的税收分成可根据资金来源用于补贴加工、运费成本或给农户分

红，以"物流+农特产品+农户"模式带动农户增收。同时，搭建跨区域劳务平台，发挥政府大数据和信息化服务功能，协助劳务输出地和输入地供需双方进行精准对接，实现西部地区劳动力稳岗就业，并做好返乡创业服务。

（四）推进东西部协作发展园区化，促进产业协作纵向横向延伸

针对东西部在产业协作上存在的发展基础、发展定位、发展目标等方面不对称问题，东西部协作实践中不断探索加强产业协作有效路径。具体做法包括：利用土地增减挂钩政策，探索发展"飞地经济"，按照征收土地、园区基础设施建设及配套系列服务保障等投入规定双方持股比例和税收分成，形成园区共建、利益共享机制。整合双方各类发展资金、帮扶项目资源，集中改善园区及周边交通、通信、电网条件，完善生活服务设施，融合发展一二三产业，把产业园区作为东部产业向西部拓展的桥头堡和示范区。同时，要优化园区管理，组建企业性质的园区平台公司，改善营商环境，优化政务服务，简化审批程序，积极推动留成电量、土地指标、税收等政策优势向"飞地园区"转移，在园区形成吸引优质企业及项目入驻的政策洼地。例如，黔西南州与惠州市开展东西部协作过程中，规划打造7个县级现代农业产业园区和1个黔惠共建州级工业产业园区，已入园企业33家，到位投资11.3亿元。天津市帮扶甘肃省靖远县过程中，采用设计—采购—施工+融资+运营的建设模式，在资金短缺的情况下高质量实现靖和产业园项目落地建

设,并谋定农产品加工、食品加工、中药材加工和服装加工为产业园主导产业,实现错位发展、特色发展,避免园区产业同质化。同时完善配套冷链保鲜库,加强创业孵化基地建设,最大限度提升园区集聚效应、规模效应和辐射效应。

(五)坚持党建引领,联建支部联育人才联享经验

建强一个党组织堡垒,就能聚集一方力量,各地在东西部协作过程中着力把党的组织优势转化为乡村振兴的行动优势,探索出一系列建强基层组织、带动乡村振兴的工作方法。主要做法有,东西部社区、单位、农村等党支部建立结对互助关系,定期交流经验,适时开展走访;东西部互派人才挂职锻炼交流;东西部加强党建双向引领促进乡村振兴的经验交流和互学互鉴等。例如山东省济宁市在帮扶重庆万州区的过程中,在支部联建上,两地各挑选有结合点的 50 个农村、城市社区、国有企业等基层党组织,建立结对互助关系。在人才联育上,济宁市精准选派 3 位挂职干部,每年选派 60 余名支医支教支农专家,在万州负责东西部协作的沟通衔接、谋划落实与经验交流,较好地发挥了两地党委政府的参谋助手与桥梁纽带作用。万州区每年选派 3 名至 4 名正科级以上干部到济宁市学习锻炼,在镇乡一线协助分管基层党建、乡村振兴、信访维稳等重要工作,选派 10 余名专业人才到济宁交流教学、医疗和产业发展技术。在经验联享上,万州区推广了党组织领办稻渔综合种养、按揭农业、村集体经济发展等济宁经验,济宁市借鉴学习了劳动工作日、生态养猪模式、股权化改革、双亮活动等万州经验,形成了经

验联创联享的好机制。

（六）严格考评的督查考核体系，保障东西部协作工作推进力度

制度设计是东西部协作投入动员机制驱动的必要条件。作为"权威性的文本"的协作框架协议既是国家年度成效考核的影响要求指标，也是结对双方必须完成的硬性任务和协作目标，在协作任务的推进中起到指引性和约束性的作用。这在一定程度上保证了协作工作的合法性和有效性，在践行承诺的过程中更容易获得协作伙伴的一致认可，有助于集体机制的培育。结对双方立足东西部地区各自优势，坚持双向协作、互惠互利、多方共赢，在双方协商基础上制定协作规划，将具体工作任务明确到各责任单位，有力有序推进构建全方位多层次、宽领域的协作体系。与此同时，部分省份结合情况制定自己的考核办法，如《广东省东西部协作考核评价办法》中，将共建"一县一园"作为重要的考核评价指标，《浙江省东西部协作工作考核评价办法》在工作创新中，将打造产业协作、数字化转型、消费帮扶、文化交流、援派铁军五张"金名片"获得荣誉作为重点的加分项。此外，在过程管理方面，建立定期调度制度。以甘肃为例，省乡村振兴局采取季度调度的形式，每月发布东西协作督查专报，专报中"点名到姓"，采用柱状图的形式形象客观标识各地区工作推进力度和效果。特别是对东西部协作资金的使用进行严格监管，委托第三方对东西部扶贫协作资金和中央扶贫资金一道进行评估审计，判断协作资金使用是否符合规定，对不符合规定的及时整改。

三、经验启示

党的十八大以来,在新时代扶贫协作实践中,有帮扶任务的地区发挥各自优势,有力有序推进全方位、多层次、宽领域的扶贫协作工作,为贫困地区顺利脱贫做出了重要贡献,丰富了我国东西部扶贫协作的成功经验,为欠发达地区发挥东西部扶贫协作作用助力高质量推进乡村振兴提供了有益借鉴。从具体的协作实践来看,有以下几点经验启示:

(一)自上而下的顶层设计是东西部协作深化发展的基础前提

作为一项由国家主导的区域协调发展制度,东西部协作顺利开展的关键在于一整套涵盖中央和地方垂直互动、地方和地方横向联动以及地方内横纵交织的自上而下运行机制,这一机制确保协作制度能够实现多层级、跨区域运行并在新发展阶段通过政策更替、适应性调整和转换持续发挥其政策效果。具体来看,确保其制度运行的机制主要有组织领导机制、东部投入动员机制、西部项目运行和管理机制以及考核评估机制,这一整套机制使得东西部协作制度能够在实践中有效运行,特别是在脱贫攻坚阶段极大地补充地方在完成脱贫攻坚任务中所面临的资源不足,并在乡村振兴阶段接续发挥其资源调动和经验传递的作用。

(二)强有力的动员投入是东西部协作有效推进的重要保障

东西部协作作为一项重要的制度性安排,新时期的东西部协作投入动员机制坚持整体动员、责任分包和柔性协调三管齐下。整体动员通过集中帮扶省份的省域资源，调配跨部门、跨行业的协作力量，协作双方建立对口工作领导小组工作机制，并对下辖县区和市直相关部门的工作任务分解与考核。构建起的协作网络更加强调行动者之间的互相依赖与利益协调，将高度统一的层级化结构转变为动态与静态相结合的网络结构。东部的组织投入机制更加突出省级统筹、区县抓落实，同时发挥政府推动与市场机制联动效应，引导党政机关、企事业单位和社会力量广泛参与，即在省市层面的统一部署下，为动员更多资源下沉到乡、村，构建了"毛细血管"般的渗透网络。为提高协同配合效率和协作成效，在协作推进中采用责任分包来推进协作工作，专班化、项目化、清单化推进具体协作工作责任领导和责任人，压实组织领导、人才交流、资金支持、产业协作、消费协作、劳务协作等方面的具体责任，定期调度统计资金使用和项目收益有关数据，纵深推进协作工作，并及时对特定协作领域的任务做出回应。柔性协调是在共同利益基础之上的协商、对话，重点强调价值协同、信息共享和引导动员，更加突出政府作为合作治理引导者和柔性化治理推动者的角色。这样的投入动员机制凝聚了各方力量，有助于全力推动东西部协作高质量发展。

（三）坚持互利双赢是推进东西部扶贫协作的基本原则

只有实现"双赢"的事情才能持续长久。东西部扶贫协作是一种具有中国特色的实现共享发展的重要方式。我国东部地区经济相对比较发达，市场比较成熟，资金比较充足；而西部地区地域辽阔，资源丰富，历史文化底蕴深厚。东部地区虽然是资本的聚集地，但是全球资源价格的上涨，使得东部地区社会矛盾加剧；而西部地区可以通过各种资源聚集大量财富，相比东部地区其社会矛盾较少。因此，在东西部扶贫协作中，无论是东部还是西部，都有对方可以学习借鉴的地方，完全可以互相帮助、共同进步。同时在东西部扶贫协作中，发展不是单方面的事情，而是双方的事情，是双方的共同发展。在开展东西部扶贫协作过程中，要注重发挥双方优势，紧密结合西部地区的实际需求、资源禀赋和基础条件，充分尊重贫困群众发展意愿，在不折不扣完成规定动作基础上，创新政策举措，因地制宜、分类施策，真正实现互利共赢。

（四）坚持产业协作是推进东西部扶贫协作的关键抓手

产业发展是带动地方经济发展的重要引擎。脱贫攻坚期间，东西部扶贫协作各方立足自身优势，开发自身潜力，把不断深化产业合作作为重要抓手。充分发挥西部省份在资源、劳动力、旅游等方面的优势，结合对口地区的资源禀赋和贫困家庭特点，东部地区探索一系列产业就业帮扶模式，共同推动贫困地区增强内生造血能力。未来，在新时期的协作过程中，应继续拉长产业链条，深化新型产业协作；做优农业产业，深化特色农业开发合作；做深做强文旅产业，深化生态康养旅游和特色文化产业开发等领域的合作。

完善机制、细化服务、提升技能
——脱贫人口稳岗就业典型案例研究

摘要： 一人就业，全家脱贫，巩固拓展脱贫攻坚成果、全面推进乡村振兴，必须帮助有就业意愿的未就业人员实现就业，帮助已就业人员稳定就业，保持脱贫人口就业规模总体稳定。但当前脱贫人口就业面临着就业岗位缩减、外出务工动力不强和政策协同性不足等问题。在这一背景下，党中央持续强化脱贫人口稳岗就业的顶层设计，全国各地也因地制宜开展脱贫人口稳岗就业工作探索，在完善工作机制、细化就业服务、提升就业技能等方面取得了积极成效，为新时期脱贫人口稳岗就业工作提供了经验启示。

关键词： 脱贫人口　稳岗就业经验启示

一、背景情况

一人就业，全家脱贫，一人失业，则也可能全家返贫。目前，务工就业收入占到脱贫地区农民收入的65%以上，巩固拓展脱贫攻坚成果、全面推进乡村振兴，稳岗就业依然重要。但是，应当看到，受世纪疫情和复杂内外部环境冲击等因素影响，脱贫人口就业形势面临诸多变化与挑战。首先，新冠肺炎疫情持续蔓延，旅游业、餐饮业、交通运输业、批发和零售业等脱贫劳动力从业较多的行业受到冲击，脱贫劳动力就业岗位供给不足问题仍旧突出。其次，脱贫人口文化水平整体较低、技能水平有限，加之脱贫人口的社会保障等各项权益时常得不到保障，造成脱贫劳动力外出务工动力有待进一步增强。最后，脱贫人口实现稳定就业需要就业、产业、教育、人才培养等政策协同发力，但目前各项政策间的协同性不足，政策设计系统性有待提升，成为阻碍脱贫人口稳岗就业的重要因素。在这一系列困难和挑战之下，如何实现脱贫人口充分就业、高质量就业，成为巩固拓展脱贫攻坚成果、全面推进乡村振兴过程中亟待解决的难题。

二、主要做法

（一）顶层设计

1. 习近平总书记有关脱贫人口就业的重要讲话为脱贫人口稳岗就业工作提供了根本遵循。

总书记高度重视脱贫人口就业工作，在不同场合多次就脱贫人口稳岗就业发表重要讲话、作出重要指示。他明确了脱贫人口稳岗就业工作的方向和思路，提出要建立和完善劳务输出对接机制，提高劳务输出脱贫的组织化程度。组织技能培训，动员企业参与，实现人岗对接，保障稳定就业。加大对脱贫人口职业技能培训力度，加强东西部劳务协作，鼓励支持东中部劳动密集型产业向西部地区转移。总书记的重要指示避免了脱贫人口就业工作走错路、走弯路,为脱贫人口稳岗就业提供了根本遵循。

2.党中央、国务院的部署明确了具体的工作方向。

2020年12月,中共中央、国务院印发《关于实现巩固拓展脱贫攻坚成果同乡村振兴有效衔接的意见》,提出要优化产业就业等发展类政策,促进脱贫人口稳定就业。搭建用工信息平台,培育区域劳务品牌,加大脱贫人口有组织劳务输出力度。支持脱贫地区在农村人居环境、小型水利、乡村道路、农田整治、水土保持、产业园区、林业草原基础设施等涉农项目建设和管护时广泛采取以工代赈方式。延续支持扶贫车间的优惠政策。过渡期内逐步调整优化生态护林员政策。统筹用好乡村公益岗位,健全按需设岗、以岗聘任、在岗领补、有序退岗的管理机制,过渡期内逐步调整优化公益岗位政策。

3.《关于切实加强就业帮扶巩固拓展脱贫攻坚成果助力乡村振兴的指导意见》为脱贫人口稳岗就业提供了政策依据。

2021年5月,人社部等五部门联合印发《关于切实加强就业帮扶巩固拓展脱贫攻坚成果助力乡村振兴的指导意见》(以下简称《意见》),提出要严格落实"四个不摘"总体要求,健全脱贫人口就业帮扶领导体制和工作体系,促进脱贫人口稳定就业,增强脱贫稳定性,完善农村低收入人口和欠发达地区就业帮扶机制,助力提升脱贫地区整体发展水平,为巩固拓展脱贫攻坚成果、全面推进乡村振兴做出贡献。

（二）地方实践

各地区根据《意见》要求，因地制宜开展衔接期稳岗就业工作探索，为未来一段时期内实现脱贫人口稳岗就业提供了经验借鉴。

1.粤桂东西部劳务协作模式：山海对接，共育星火。

"十三五"期间，广东省积极落实稳岗就业责任，累计帮助广西近100万建档立卡劳动力赴粤就业，实现了稳定的脱贫增收。新冠肺炎疫情发生后，为确保脱贫人口稳岗就业，粤桂两省做出了一系列安排，成为脱贫人口稳岗就业的一大创举。

（1）摸清就业底数。广西通过"113"防贫监测预警机制对脱贫人口进行追踪，分类实施就业帮扶。一是驻村干部、网格员定期开展入户摸底，定期与民政、人社、卫健等部门开展数据比对，及时发现脱贫人口未务工就业情况。二是建立劳动力资源信息系统，对脱贫人口就业情况开展分类分层统计监测。

（2）加强跨省劳务对接，细化开展服务。以广西隆林县和深圳市罗湖区结对帮扶为例。在粤桂协作框架下，两地分别设立劳务服务站点，深化就业服务保障。同时，罗湖区通过购买服务的方式运营"老乡之家"，为在深圳的隆林县以及西林县务工人员提供日常就业服务。针对外出务工劳动力就业信息渠道不足的问题，两地劳务服务点协同组织岗位推送与招聘活动，务工人员可前往服务点登记就业意向，有合适岗位及时通知。针对外出务工就业权益受损问题，两地服务点及时提供就业维权咨询。"老乡之家"定期电话回访，了解务工人员工作生活情况，并在节假日为在粤务工者座谈慰问，举办联谊会，提供人文关怀。

（3）打造农业全产业链，支持农户就近就地就业。针对农业收益较低难题，广东为广西提供农业产业发展的技术支持，打造种植、加工、储运、销售等农业全产业链，提升农产品附加值，并通过消费帮扶实现两地供需对接。针对农民收入低的问题，广西通过构建"土地流转+保底分红"等模式，帮助农户与企业建立利益紧密联结机制，吸纳脱贫人口就近就业的同时，增加脱贫人口分红收益。

（4）两后生就业：扶志扶智教育对接。针对部分"两后生"厌学无志问题，两地政府积极创造条件，资助学生到更发达地区学习生活，开阔眼界，接触不同思想，从而转变价值观念。针对"两后生"在大城市生活不适应、缺少人生规划问题，两地通过一对一心理帮扶、组织学生到社区做义工、宣讲技能成才典型案例等方式，帮助学生融入城市生活、加强关怀照护、树立标杆榜样。针对广西职业教育资源不足和缺乏就业实践机会问题。一方面，广东为广西援建学校资源设施、加强师资培训。另一方面，广东加强与广西职业学校对接力度，帮助学生深化技能培训，对接企业拓宽实习机会。

2.浙江"十省百市千县"省际劳务协作模式：多方合力，精准帮扶。

浙江省制造业发达，工作岗位众多。2020年年初，新冠肺炎疫情限制了脱贫人口来浙务工，阻碍了浙江省复工复产进程。在此背景下，浙江省探索出一套"多方合力，精准帮扶"的稳岗就业模式,并将其常规化,有效地保障了脱贫人口稳岗就业。

(1)建立"十省百市千县"省际劳务协作机制。面对招工难题,宁波市率先成立复工企业用工保障组,开展"十省百城千县"专项行动,派出101个小分队,赴10个劳务输出大省,与近100个城市,1000个县城进行劳务协作交流。各小分队开设返岗绿色通道,采取包车包机包专列的形式,共接回务工人员14万人。各地区在此基础上进一步构建了协同工作机制,推进脱贫人口稳岗就业。一方面,推动各部门内部协同,各地将就业帮扶劳务协作纳入目标管理考核体系,落实市、县两级日常工作通报、跨区域就业信息发布和来浙就业人员信息互通等制度。另一方面,强化与劳务输出地协同,特别是与对口支援地区之间开展劳务对接,建立健全长期劳务协作工作机制。

(2)政企联动,精准对接。一是发挥人力资源服务机构优势,根据输入输出地双方需求,进行有计划、可持续的劳务对接,并帮助对口地区建立人力资源开发体系,提升职业教育和培训水平。二是围绕企业需求出台包含财政、金融、社保等一系列政策措施,切实为企业减负,为脱贫人口稳岗工作创造有利条件。三是通过岗位补贴的方式,鼓励企业针对帮扶地区脱贫务工人员特点,开发"不限年龄、不限性别、不限文化、不限技能"的"爱心岗位",并提供不低于每月4500元及安排食宿的薪资待遇。

(3)数字化改革助力就业服务。将脱贫人员数据与劳动力资源信息库、公安流动人员信息库多库比对,整合形成可以查询到脱贫劳动力身份信息、全省共用的东西部劳务协作动态管理平台。同时，开发劳动力资源余缺调剂平台，依托信息管理平台和人力资源服务机构，及时掌握企业用工状态，进行余缺调剂，保障脱贫劳动力和企业实现匹配对接。

通过以上举措，浙江省脱贫人口稳岗就业工作取得了较好成效。截至2021年9月底，中西部地区到浙江就业的脱贫人口为221.7万人，比2020年增加8.03万人。

3."吕梁山护工"劳务品牌模式：找准需求，扩面提质。

"吕梁山护工"劳务品牌建设为吕梁市如期打赢脱贫攻坚战做出了巨大贡献，累计带动10万建档立卡人口稳定脱贫，人均年增收40000余元。在巩固拓展脱贫攻坚成果同乡村振兴有效衔接期，吕梁市积极谋划，持续推动"吕梁山护工"品牌提质升级。

（1）统筹协调劳务品牌培育推广工作。一是成立吕梁山护工培训就业领导小组，负责培训就业工作的指导监督。二是市委领导干部积极抓、主动管，紧盯工作进度与工作成效，从政策、资金、人力、物力方面给予全方位支持。三是以市场需求与社会需求为导向，通过开拓海外市场、拍摄微电影等多种方式打造护工品牌。

（2）加强吕梁山护工志智双扶。一是以家政服务业市场需求为导向，加强与家政企业合作，对脱贫人口开展分类型、订单式家政服务培训。二是建立培训机构准入与退出机制，由人社局对培训机构进行筛选，定期对培训机构进行绩效考评，考评不合格者予以淘汰。三是建立健全护工护理人才考核评价体系，强化培训效果考核应用，考核合格后发放相关证书，确保培训质量。四是树立典型与能人带动结合，注重表彰脱贫增收、能人带动典型，宣传脱贫致富事迹，激励脱贫人口参加培训，外出务工。

（3）不断提升就业服务水平。一是定期举办推介会，召开专场招聘会，与家政企业开展护工护理输出就业合作，促进受训合格人员充分就业。二是建立吕梁山护工就业服务信息平台，加强吕梁山护工就业服务平台与用工单位的联系。三是成立吕梁山护工服务中心，打造包括需求对接、家庭用工、外出就业的吕梁山护工超市，为吕梁山护工提供全方位服务。四是在吕梁山护工集中地建立服务站，成立吕梁山护工法律援助中心，为吕梁山护工提供联络回访、维权保障等服务。五是成立吕梁山护工工会委员会，帮助解决护工生活和就业难题，并通过金秋助学等活动做好后方慰问关爱工作，主动为其排忧解难。

三、经验启示

实现脱贫人口稳岗就业是巩固拓展脱贫攻坚成果的重要抓手，是全面推进乡村振兴乃至实现共同富裕的必要基础。通过对我国脱贫人口稳岗就业顶层设计和地方实践的梳理分析，可以得出如下启示：

（一）实现脱贫人口稳岗就业，必须加强脱贫人口的就业能力建设

目前，脱贫人口存在文化水平偏低、职业技能水平不足的问题，在就业市场中处于劣势地位。此外，由于脱贫人口综合素质偏低，从事的大多是劳动附加值较低的体力劳动和低技术岗位。较高的劳动强度和较低的劳动收益在一定程度上打击了他们的就业热情。因此，实现稳岗就业，必须进一步加强脱贫人口就业能力建设。一方面，要大力实施欠发达地区劳动力职业技能提升工程，加大脱贫人口职业技能培训力度，在培训期间按规定给予生活费补贴。另一方面，要大力支持脱贫地区、乡村振兴重点帮扶县建设一批培训基地和技工院校，增加脱贫人口就业培训供给。

（二）实现脱贫人口稳岗就业，必须加大力度维护脱贫人口劳动权益

实现脱贫人口高质量就业，进一步保障脱贫人口的劳动权益是必由之路。当前，跨省就业的脱贫人口在缴纳社保、享受社保权益方面还存在一定障碍，需要从国家层面逐步完善。比如当脱贫人口需要将省外缴纳的社保转移接续至户籍所在地，只有个人账户部分可以跟随转移，实际能够享受的养老待遇将打上折扣。同时，新生代农民工对就业环境和生活条件有了更高的期待，而一些劳动密集型企业、制造业企业工作条件较为艰苦，使得在这些企业就业的脱贫人口稳定性较差。适当改善工作环境，加强人文关怀，减少超负荷劳动，是提升脱贫人口工作满意度，从而实现稳定就业的重要途径。

（三）实现脱贫人口稳岗就业，要充分发挥人力资源服务行业作用

目前，县域和村镇一级的公共就业服务在人力、物力、资金方面都比较紧张，需要更多投入才能满足脱贫人口稳岗就业的需求。人力资源服务公司凭借其市场化、专业化优势，在组织动员脱贫人口外出务工、劳务对接、关怀慰问、转岗服务等环节可以发挥积极作用，有效提升稳岗就业工作的成效。为此，一方面要加强对人力资源服务行业的监督和引导，通过税收优惠等方式增强人力资源服务行业参与脱贫人口稳岗就业的积极性，同时严厉打击收取高额中介费和中间抽取提成现象。另一方面，可以以政府购买人力资源服务的形式，以社会创新为理念，探索为脱贫人口开展扶志扶智、能力提升、就业招聘、维护劳动权益等服务的有效方法。

后 记

如何实现巩固拓展脱贫攻坚成果同乡村振兴有效衔接，是当前和今后未来一段时间"三农"工作的重要议题。在这一过程中，各地区、各领域涌现了一些具有典型意义、推广价值的案例，这些案例既有市、县、村等层次的综合性案例或专题性案例，也有聚焦某一专项工作的专题性案例。通过编写、出版这些案例，分享其实践探索和具体做法，总结其核心经验和关键启示，对于更扎实、更高效地推进巩固拓展脱贫攻坚成果衔接乡村振兴工作具有很大的参考价值。

参加本书改编工作的作者主要来自中国社会科学院、北京师范大学、华中科技大学、华中师范大学、中国地质大学（武汉）、北京市社会科学院、中国盐业集团等。由中国社会科学院王晓毅研究员和中国地质大学（武汉）李海金教授担任组长。各章案例的改编人员分别为：第一章，蔡志海、陆汉文、江立华、刘欣、向德平、王晓毅；第二章，公丕宏、刘珊、戴丹、刘凤萍、马青青、刘凤萍、冯雪艳、游贤梅、李海金；第三章，公丕宏、黄崇敬、常路育、连雨薇、马青青、李紫烨、耿学栋、鲁勇超、李亚静、李海金；第四章，宋志杰、万君、李顺强、张琦、庄甲坤、孔梅、薛亚硕。最后由王晓毅和李海金进行统稿和最终审定工作。

本书编写组

2022 年 7 月